JN068174

【最新版】

中高年のための「読む防災」

一度読んでおけば一生安心！

和田隆昌

ワニブックス
PLUS新書

はじめに

日本は、「災害大国」と言われています。

近年、自然災害が多いことは、おそらく皆さんも肌身で感じられているでしょう。そして、日本は世界的に見ても特別に地震が多い国として知られています。自然災害の多さは、地理的なことに起因しているものと環境の変化によるものがあります。

地震に関しては、歴史をひもとけば、周期的に多発する時期と少ない時期を数百年単位で繰り返していますが、現在はその多発する時期に入っていると考えられています。

また、洪水、風水害に関しては、気象上の変異が明らかになっています。時間降水量が非常に多くなっているのです。本当の原因は、まだはっきりしていませんが、1つの理由として地球温暖化が挙げられています。日本近海の海水温が上がることによって空気中の水蒸気量が多くなっているため、降水量が極端に増大してきているのです。

もはや「極端」としか表現しようがない気候、気象状態を「シビア・ウェザー」と言いますが、今、地球上ではそんな大きな変異が発生しています。そして、日本は地理的にその影響を非常に受けやすい環境にあると言えるでしょう。

日本近海で発生する台風は南から北上するにつれ、通常、勢力が弱まるはずなのに、海水温が高いため、強い勢力のまま日本列島に上陸してきます。このような要因が重なって洪水、風水害が毎年、定期的に起きるようになりました。

たとえば、2018年に大きな被害をもたらした西日本豪雨の際には、台風が上陸していたわけではありません。停滞前線が発生することによって、大雨が広範囲に一気に広がり、大規模な土砂災害とともに記録的な被害が発生してしまいました。

つまり、「大きな災害がすでに日常の現象になってしまっていること」を、ぜひ皆さんに覚えておいていただきたいのです。

このような災害は、今後も繰り返し発生します。それを踏まえて、自分が住んでいる地域や生活圏にどのような自然災害のリスクがあるのかを理解できていることが、自分と家族の命を守るために重要になってきます。

そして、自分が住んでいる地域のリスクを知らず、そのリスクに対して準備をしていなければ、被害に遭う可能性が非常に高くなるという事実を知ることです。災害が起きたときの準備ができているか、できていないかが生死を分けます。まず第一に、自分が住んでいる生活圏の中で、最もリスクの高い災害についての対策をとる必要があります。その有無によって、自分と家族が被災者になるかどうかが決まると思っていいでしょう。

大切な家族を被災から守るため、「災害はなぜ起きるのか」「もし起きたときにはどうすればいいのか」「防災に関してどういう知識を持っておけばいいのか」などの大事な情報を、多くの方に一般常識のように頭に入れておいていただきたいという願いを込めて、私は本書を執筆しました。

タイトルに「中高年のための〜」と謳《うた》ったのは、ミドル世代の方々は男女を問わず、家庭の要《かなめ》だからです。高齢の親御さんと同居している方、介護が必要な方を抱えているケース、小さいお子さんがいらっしゃる方など家族構成は人によってさまざまと思われますが、災害発生時にはその中心となって冷静に動かなくてはならない立場なのです。

また、家族で暮らす家やマンションを選ぶのも、この世代の方々です。大規模な災害が懸念される今後、家の購入や転居の際には、「防災」を十分考慮に入れてください。独身の方もご自身の安全・安心はもちろんのこと、災害リスクの高い地域に住んでいるかもしれないご両親やきょうだいの被災を防ぐためにも、ぜひご一読ください。

今の日本を取り巻く自然環境は、50年前、30年前、10年前とまったく状況が違います。災害によるリスクが年々高まっているのは間違いありません。さらにいくつもの災害が同時多発的に起こる「複合災害」への備えも必要になってきています。

わが国がこういった状況に置かれていることを理解し、全国民それぞれが、いざというときのための準備をすべきです。

本書が皆さんの命を守る手助けになれば幸いです。

もくじ

第3章 水害・土砂災害・風害について知っておくべきこと、すべきこと

第1章

防災の新常識

なぜ日本列島は「災害」が多いのか？

なぜ、日本列島は災害が多いのでしょう？　まず、地震災害から見てみましょう。

地球の表面は「**プレート**」と呼ばれる十数枚の固い岩盤で覆われており、これらのプレートは常にゆっくりと動いています。プレートがそれぞれ独立して運動することで、さまざまな地質現象が起こるとする理論を「**プレートテクトニクス理論**」と呼びます。

日本周辺には、多くの**プレートのつなぎ目＝海溝部**があり、複雑な構造が特徴です。このプレートの活動が地震を発生させる原因で、地下の高熱のマグマにも影響します。マグマが地表面に噴出すると火山となり、火山活動もまた地震を発生させます。

日本とヨーロッパを比較してみると、まったく状況が異なります。ヨーロッパにもイタリアなどいくつか地震が起こる国もありますが、基本的には北部（フランス、イギリスなど）で地震が発生する可能性は、限りなく低いと考えられます（アイスランドなどの火山国を除く）。

世界中で発生する地震のうち、**マグニチュード6以上の地震の約20%は日本列島周辺で発生**しています。日本は世界有数の「**地震国家**」なのです。

そして、地震被害が大きくなる要因として、日本が**島国**ということもあります。四方を海で囲まれているため、沿岸の人口が多く、海溝部で地震が起き、津波が発生した場合、数万人規模の死亡者が出ることが、日本では歴史上、ずっと繰り返されてきました。

日本がもし、モンゴルのように大陸の内陸部にある国だったら、津波の被

豊かな温泉や新鮮な海の幸に恵まれた日本は、常に地震や津波の危険にさらされている

害に遭うことはないわけですから、地震被害は今よりずっと少なかったことでしょう。日本列島が急峻な山で占められているのは、地理的環境が理由と言えます。

もともと日本列島は、大規模な地殻変動によって生成された経緯があるのです。

それがゆえに、山岳部では急峻な山があるために土砂災害が起きますし、湿度の高い空気が来れば、雲がその山にぶつかり、大量の雨を降らせます。

私たちは、**自然とは諸刃の剣である**ことを理解しなければなりません。川があって、水が豊かということは、当然、水害につながります。温泉が出るということは、火山があるということです。古くから魚などの水産資源を食べてきた日本人は、海からの恩恵をたくさん受けてきました。しかし、その一方で津波が襲ってきますし、台風のときは被害が大きくなります。

恩恵と被害、メリットとデメリットは、コインの裏表のようなものなのです。


ポイント……▼ **自然恩恵と災害被害は表裏一体**

地名が教えてくれる地域における災害の歴史

土地の名前を調べると、**昔、起きた災害に由来する地名が、非常に多い**ものです。昔から使われている土地の名前や過去の災害などは、そこに長く住むのであれば、必ず知っておかなければならない情報です。

ただし、新興住宅地などでは、「**○○ヶ丘**」や「**○○台**」といった耳ざわりのいい美しい名前に変えられている場合もあるので、古くからの地名を調べる必要があります。

過去に大きな洪水が発生したところ、崖崩れが発生したところ、土砂災害が発生したところ、津波が到達して、多くの人命が失われてしまったところなどには、それにちなんだ名前がつけられていることも少なくありません。

たとえば、「**蛇**」や「**竜**」は、水や土砂の流れる様子を表しているとされていますが、昔の人は、かつてそこで河川の氾濫などにより数千人規模の死者が出たことを後世に伝えようと、土地にその名をつけ、残したのでしょう。

「**蛇抜**」「**蛇崩**」などは土砂が流れていく様子を表し、川が氾濫して、家屋や田畑を飲み込んで行く様子を大蛇や竜の姿にたとえて、地名に表しているのです。

また、以前は川や池、海岸線があったのに、埋め立てや宅地開発などによって、その姿が失われてしまった場合、その土地の歴史が地名によって示されていることがあります。

「**川**」や「**池**」「**浜**」「**沢**」「**湧**」「**津**」「**浦**」などの「**さんずい**」を使った地名は、そこが低地であり、過去に水害や台風による大きな被害があった可能性のある土地であることを示しています。

東京の中心部であっても、「**浅**」「**深**」「**谷**」「**崎**」「**戸**」「**門**」「**田**」「**稲**」などがついた地名は、地形やかつての用途を示しているケースが多いのです。そして、かつて湿地帯、海の底だった場所を開発した土地は、地盤も弱く、災害に弱い土地であるということも考えられます。

さらに「**読み**」に意味が隠されている地名も多く存在します。「**牛**」や「**猿**」「**鷹**」など、一見、災害とはまったくかけ離れているようにも思えますが、実は過去に大きな土砂災害などがあって、多くの人が亡くなったような不安定な土地を示しているのです。

「**牛**」は「**憂し**」という古代語と同じ音で、過去に地滑りや高潮、津波の被害が発生した場所につけられ、「**猿**」は「**ズレル**」の意味で、地滑りの発生地を示しています。「**鷹**」は「**滝**」が転じたもので、その名のついた地域は急傾斜地、崩壊危険区域と重なります。

植物の名前が、その土地の歴史を表す場合もあります。「**梅**」は「**埋める**」の意味合いがあり、そこが埋立地であったこと、あるいは土砂災害の結果埋まってしまった場所であることを示している場合があります。「**紅葉**」は「**揉み地**」として、地盤が不安定で土砂災害が発生した場所、「**桜**」は「**狭い**」谷間で、豪雨などで崩れやすい土地を、「**柿**」は「**欠き**」で、崩壊地、斜面の状態を示していることがあります。

この他にも「**カミ**」「**カメ**」「**カマ**」「**カモ**」などの読みを持つ「**上**」「**神**」「**亀**」「**釜**」「**鴨**」などの名前の土地も要注意の場所です。これらは「**噛む**」の意味合いを含み、土地が削れてなくなるような浸食や洪水、津波が発生した場所である可能性があります。

自分の住む場所、これから住もうとしている場所の過去の災害の歴史を知り、その場所に起きうる自然災害の中で、一番必要とされる災害対策を知っておくことは重要です。

住んでいる土地の過去の名称は、地元の図書館や自治体などで資料が入手可能です。

ポイント……▼

自分の住む土地の災害の歴史を知ることが重要

住む地域の自治体によって災害リスクに差がある

住んではいけない土地や住宅を知るには、地域のリスクを正確に知ることが必要ですが、自治体によっても大きな格差があります。はっきり言ってしまうと予算のある市町村、都道府県と、ない市町村、都道府県でその状況は大きく違います。

東京都は莫大な予算を持っているため、水害対策も簡単にできるわけです。たとえば、**渋谷エリアなど河川の補修や貯留槽による水害対策に、累計で数千億円の予算がかけられている**のですが、これは人口の少ない地方の自治体ではありえない話でしょう。

地方に住む人にとっては解決できない話ではありますが、住む場所により、そういったリスクを常に抱えていると考えるべきです。

西日本豪雨で水害が起きたときも、ある自治体では事前に、特定の場所で水害が起こることを予測していました。しかし議会で反対され、なかなか工事をする予算が取れませんでした。やらなきゃいけないことがわかっていても、やれるとは限らない――そのようなリスクを踏まえたうえで、住まう土地を選ばなければいけないということです。

また過去の水害に対して、自分が住む地域の行政がどういう対策をとったかを知っておくことが大切です。**水害は基本的に堤防の建設などの大規模な治水事業によって防ぐことが可能**です。もし予算面ですぐに実現できないのであれば、住民に対してどういうことを告知しているか、住民同士にどんな協力が求められているのか、行政が被害軽減のために何を行っているか、などを知ることが重要な水害対策になります。


都市部は地方より安全かと言うと、実はそうでもありません。東京に限らず、名古屋や大阪など、埋め立てなどの開発によって発展した土地というのは水害のリスクがあります。たとえば東京23区は低い土地が非常に多い。もともと海だったところ、川だったところ、大規模な工事によって地形が変わってしまった場所などは、海抜の低さというリスクが解消されず、そのままになっている地域が広範囲に残されています。

大阪湾にも堤防が造られましたが、地下水のくみ上げなどが原因で、本来の陸地はどんどん低くなっています。

都市部は財政が豊かではありますが、土地の開発が盛んなため、埋め立て地などの海抜の低い土地では、地盤の弱さなどもあいまって、自然災害への脆弱性が明らかです。

地方に目を向けてみましょう。たとえば西日本豪雨で数多く発生した土砂災害の被害は、繰り返し同じエリアで起きています。それは山を崩し、本来住宅地としては適さない斜面を造成して住宅地にしたからです。開発そのものが土砂災害を誘発させているにもかかわらず、自治体が建築許可を与えてしまっているわけです。

「十分に対策を施した」という触れ込みで土地は販売されていますが、結果として、土砂災害のリスクは解消されずに被害が繰り返されています。

実際にそういった現場を見ると、歴史上、何度も同じことが起きているのに再び住宅が建てられていて、非常に残念な気持ちになります。

「**土砂災害や水害は、人災である**」と言われるのは、このような理由からです。

ポイント‥‥▼

住む場所のリスクとその地区の行政の対策を知っておく

危機管理能力が低い日本

ある自治体からの依頼で､島しょ部の防災対策を担当したことがあり､何度かセミナーを行いました。**島の災害リスク**の最大のものは実は**風害**であり､次いで**津波**と**地震**です。過去の災害史を例に出し、他県では風害にどう対応しているかという話をしました。つまり災害のリスクはその地域や自然環境によって大きく異なるものなのです。

津波に関しては、避難方法をどのように策定するかを提案させていただきました。また、どのように高齢者を移動させるのかといったことを、コミュニティ内で話し合いました。**災害時に避難ができない人、被災する人は最初から決まっている**ケースが実は多く、おおむねリスクの高いところに住んでいます。近所の人たちとともに、彼らを避難させるための仕組みを作ることが重要なのです。

県によっては、避難時の要支援者への対応を考えている地域もあります。たとえば長野県の白馬村では2014年に震度6弱の地震が発生しましたが、全半壊した家屋が多数あったにもかかわらず、死者は1人も出なかったことで「**白馬村の奇跡**」と呼ばれました（詳しくは46ページでご説明します）。地域のコミュニティを十分に機能させて、助け合うシステムを用意することが被害を抑えることにつながるのです。

また今後、**台風が巨大化する**ことは間違いありません。2019年9月に関東に上陸した史上最大クラスの台風も、進行方向が少しずれていたら、東京の木造家屋密集地域が壊滅していた可能性もあります。**台風は必ず進行方向の右側の風が強くなり、被害が大きくなります**。コースが変わるだけで、被害状況がまったく変わってしまいます。気象庁からも、ある程度は発表がありますが、台風についての知識があれば、自宅周辺の被害の予測も可能なのです。

その関東を襲った台風のときは、千葉県での被害がある程度予測できていたので、自衛隊は3日前くらいから準備を始めて、当日現地に入っていました。自治体の動きとはまったく異なります。自衛隊では、独自に被害予測まで行っているのです。そのような準備が十分にできている自治体は、ほぼ東京都だけと言ってもいいでしょう。都と政令指定都市を管轄する消防局には「**スーパーレスキュー**」「**ハイパーレスキュー**」の愛称を持つ「**特別高度救助隊**」が設置されていますが、その他の地区にはありません。

これは予算のあるなしの話ではなく、どこにお金を使うかという問題なのです。自治体のトップが防災対策の重要性を理解して、どのような行動をとるか、予算編成を含めて、どのような指針にするかで決まってきます。その地域の市民およびその代表たる議員がどの程度災害に対して真摯に向き合っているかによって、被害の規模は大きく変わってきます。

千葉県は、その地理的要因から、災害による被害の発生確率が非常に高い県となっています。周辺は「**地震の巣**」と呼ばれる地震の多発地帯に囲まれており、東京湾、太平洋と海に面した地域も広範囲に抱えています。首都直下型地震はもちろん、海溝型の地震にも注意しなければなりません。

これまで台風の被害は比較的軽微なものしかなかった地域でしたが、2019年の台風で大きな被害を被り、自治体の災害に対する脆弱さが明らかになった現在、県民は今後の災害に対して首長や議員への要求を厳しくしないとならないでしょう。

本来、自治体によって災害対応格差があるのはおかしな話です。これらを解消するため、今後どのようなことが行われるべきなのでしょうか。

アメリカでの災害対策は、今回の新型コロナウイルス対策をしているＣＤＣ（疾病予防管理センター）という疾病対策委員会も含め、大きな組織があります。また、大規模災害時は、国土

災害は、決まったエリアで繰り返し起きている

安全保障省（ＤＨＳ）が対応します。

アメリカでは国家的な非常事態に対して、すぐに対応できる統合的な意思決定機関があり、予算も準備されているのです。しかし、日本にはこういう組織がありません。連携も取れないままバラバラに存在し、担当者もすぐに代わってしまうという状態です。常勤する専門家もいないのですから、非常時の対策が不十分なのは当然と言えます。

災害に見舞われた自治体が、被害の対処に予算を全部使い切ってしまうと、またすぐに大災害が発生した場合、対応が厳しくなります。そのための独自の大規模な予算と能力を持った組織が求められていますが、政府内での優先順位は高いとは言えないものであり、実現はほど遠いようです。これがわが国の現状です。

日本の危機管理能力の低さが、今年２０２０年に起きた、新型コロナウイルス禍への対応の遅さにも現れていると感じた人も多いのではないでしょうか。

ポイント…▼

住民は公的機関に対して災害時の対応について問うべき

非耐震化住宅や木造住宅密集地域などの街並みに潜む危険

災害時、街並みにおける危険性についても知っておく必要があります。東京都の「**下町**」と呼ばれる東部には、広範囲にわたり**耐震性の低い木造住宅密集地域**が広がっています。ひとたび大きな地震が来れば、数千人、数万人規模の被害が出るのは明白です。もし**首都直下型地震**が起きれば、**同時多発的に火災も発生する**と考えられますが、家屋が崩れてしまった場合、下町などでは道が狭いため、消防車も救急車も入れず、地元の市民が消火活動をするほかありません。

さらに、東京東部は高齢者率が高く、避難行動の遅れも懸念されています。これらの地域の危険性は以前から指摘されていて、耐震化、不燃化のための公的支援（地域の再開発など）も実施されていますが、日本の法制度上、強制的な立ち退きや集合住宅への建て替えなどを行うことが難しく、さらに住民の高齢化、少子化などのハードルもあって、遅々として進んでいないのが現状です。

私は都が主催するこの地域の多くの自治会の防災組織を対象に防災セミナーを行ってきましたが、どんなにその危険が指摘されようとも、「**建て替えや住み替えは非現実的**」ととらえる住民が多いのも事実です。


2020年4月、日本政府は、新型コロナウイルス対策として、非常事態宣言を発令しましたが、諸外国のようなロックダウンなどの強制措置はとらず、外出自粛要請にとどまっています(※本書執筆時点)。**罰則はなく、強制はしない**という点では、危険地域の建て替え、住み替え要請も似た状況にあると言えるのではないでしょうか。

私たちは、災害に関して、そういった地域特性、社会環境も知っておくべきです。

もちろん下町には、昔ながらのコミュニティが存続しているなどの美点がありますが、ひとたび災害が発生すれば非常に脆弱であり、地震や水害の発生時には他の地域よりも被害は大きくなると心得ておきましょう。「これまで大丈夫だったから」という前提は、今後、拡大が予測される自然災害に対して無意味であると思ってください。

一方で、都市部の新興住宅地や自宅が最新型の集合住宅だからといって安心するのは、早計です。

たとえば、２０１９年の台風19号の関東直撃により、武蔵小杉のタワーマンションほかで長期停電が発生しました。マンションなどの集合住宅は建物自体に被害がなくても、立地する自治体のインフラ（特に電力）が棄損すれば、住まいとしての機能を保つことができません。今回は地下の配電施設が浸水して損傷し、複数棟が停電、エレベーターや照明が使えず、さらに電力で動くポンプが止まったため、上下水

多摩川の増水により、人気の街・神奈川県の武蔵小杉にも大きな被害が発生した

道もストップ。下水が逆流して、トイレの使用自粛が求められる事態にまで至りました。

そもそも付近の多摩川エリアでの広範囲な水没はある程度予測されていたものでした。本来ならば、急速な人口増加に対して、排水などのインフラ能力の拡大も並行して進められるべきものですが、実際には大規模な被害が発生したあとに改められるという例がほとんどなのです。

集合住宅は地震や洪水などの自然災害に対して、戸建て住宅よりも直接的なリスクは低いと考えるのはおおむね正しいと言えるのですが、それはあくまで「**電力**」というインフラに依存しているものなので、それが途絶えたときには水道もガスも機能を失い、住み続けることはできません。建物のきらびやかさだけにとらわれずに、その地域の災害の歴史や海抜、過去の浸水の有無なども踏まえて購入するようにしないと、ひとたび大きな災害に遭った場合、**あっという間に大事な資産を失う**結果になりかねないのです。

自然の環境が素晴らしい街並みは、その恩恵とは裏腹に、常に自然災害のリスクにさらされていると考えて間違いありません。たとえば、大きな川がそばに流れる街は普段は眺めも良く、心癒される地域と言っていいでしょう。ところが、いったん川の水があふれれば、生命の危機はもちろんのこと、資産としての家を失う危機にも見舞われることを忘れてはいけません。

また、見晴らしが良いというのは、高低差の著しい地域に家が建っていることを意味し、坂や斜面に立地しているケースが考えられます。それが造成地であれば土砂崩れのリスクを考えざるを得ません。そして、海が近い地域の家には、台風の接近時には風害などの影響を受けやすく、常に高潮や津波のリスクがあることを意識しなければなりません。

自然環境が素晴らしいということは、ひとたびその**自然環境に変化があったときに、必ず大きな影響を受ける**と考えなければならないのです。

ポイント・・・▼

どんな街にも危険性はある。地域特性、社会環境を知る

トンネル、橋、高速道路などの公共建造物が抱える老朽化リスク

都市部に限らず全国的にこの傾向は見られますが、**公共建造物の老朽化**が問題になっています。トンネル、橋、公共の建物……それらの**耐用年数はおよそ50年**で、大規模な地震の発生時に耐震性が確保されているところばかりではありません。阪神淡路大震災では高速道路の橋脚が無残にも崩落するなどし、多くの犠牲者が発生しました。その後、首都高速も大規模な耐震補強工事が行われていて、現在、老朽化した区間の造り直しの工事が順に進んでいますが、改修前に発災して被害が発生しないことを願うばかりです。

行政も新しい施設を造ることには比較的前向きですが、古い施設を直すことには消極的です。ですから、安全性の管理ができてないトンネルや、特に橋、歩道橋など、非常にリスクの高い建造物は私たちのまわり、そこら中に存在します。

行政は住民からの強い要望がない限り（基本的に事故などが起きない限り）、なかな

か率先して取り組みません。

私たち住民は、自分の住む地域の安全確認やリスクがある建物をチェックしておかなければなりません。


特に近年増えているのが、**放置されている空き家**です。犯罪の温床になる可能性もあるほか、しばしば火災の原因にもなります。老朽化すればさらに危険度が高まり、もし地震発生時に道を塞ぐことにでもなれば、避難行動や消火活動の妨げになってしまいます。

また、首都圏には**老朽化した橋**が無数に存在していることをご存じでしょ

全国的に老朽化した歩道橋や橋が多数存在する

うか。中小の河川の橋でも、架け替えには大きな予算が必要なため、交通の要衝にあるものから順に修理を進めていくしかないようです。

都心部でも竣工から100年以上経っている橋も存在しますし、首都直下型地震の際に崩落すれば、東京東部の河川流域の住民が孤立する可能性もあります。中央線、山手線周辺にも老朽化した建造物は見受けられ、地震発生時に倒壊したら大惨事に至ります。

都心部の耐震化は進んでいるという話もありますが、たとえば東京港区の赤坂を歩いただけでも、明らかに耐震性が低い建物は無数に存在することがわかります。東京都などではこれらの**旧耐震基準建築の建造物名を一部公表**しています。

自分が住む街の建造物のリスクを確認しておくこと、不安な建物がどこにあるのかを確認しておくことは非常に重要です。お住まいの自治体は建造物の竣工年度などを把握していますので、そちらで問い合わせることもできるでしょう。

ポイント……▼ **古い建造物を確認し、大地震が来た際のシーンを想像する**

過去の災害を検証しておく

地震災害の対策を考える際には、過去の災害を検証することが重要になります。内陸部で発生した地震として、10万人を超える最悪の被害が発生したのは1923年の**関東大震災**ですが、これは実は首都直下型ではなく、相模湾を中心に揺れが広がったものでした。近代において、人口が集中している都市部で発生したものとしては、1995年に発生し、災害関連死を含めて6434人もの死者を発生させた**阪神淡路大震災**のほうが、現在に近い状況ですので参考になるでしょう。

関東大震災でも阪神淡路大震災でも、火災によって多くの方が亡くなっています。地震発生時に大規模火災が起きると、被害を拡大してしまいます。関東大震災では焼死が死者全体の9割近くに及んだとされていますが、阪神淡路大震災のときも、倒壊した家屋による圧死者に、数多く発生した火災による焼死者がさらに加わってしまいました。

現在は、国内の多くの住宅が当時の耐震性の低い家屋よりも耐震性の高いもの（新耐震基準による建築物）に建て替えられていますが、前述したように、東京の東部にはいまだ古い木造家屋の密集地域が広範囲に広がっており、首都直下型地震の発生時には、家屋の倒壊とともに、大規模な延焼火災の発生が危惧されています。倒壊した家屋によって道路が遮られ、消防車は現場に到達することができません。さらに地震発生時には同時多発的に火災が発生するため、消火活動は非常に困難なものになります。

首都高速道路も老朽化による地震倒壊の可能性がある

この鎮火することが難しい「**地震火災**」と呼ばれる現象は、東京東部の河川流域に多く発生すると予測されていますが、他にも環状線周辺に同様の木造住宅密集地域がドーナツ状に広がっており、乾燥した時期などに発生すれば、都心の広範囲の住宅地が焼け野原になってしまうかもしれないのです。

一方で、津波による被害が甚大であった東日本大震災は、「**今後起きる日本の最大リスク**」と言われている**南海トラフ地震**対策の参考になります。しかし、その**死者数は、東日本大震災の十数倍、内閣府の見解では20万人以上**とも言われています。東日本大震災と比較すると被害を受ける地域はより広範囲に及び、東北地域に比べて沿岸地域の居住者数が圧倒的に多いことが、この数字に影響を与えています。特に静岡県に関しては、県内だけで10万人近くもの死者が想定されています。津波が到達するエリアでは、居住地域の移転なども含め、総合的な津波対策を講じていかなければなりません。

南海トラフ地震が起きると、その広範囲にわたる被害から、経済的損失は過去最悪レベルになると考えられ、国民全体に、以後数十年に及ぶ痛みを与える可能性があります。

南海トラフ地震の被害想定地域には原発や化学工場・コンビナートなどが多数存在し、東日本大震災における福島第一原発事故のような二次的な被害も考えられます。大気汚染、環境汚染などの可能性も含め、多くの住民の広域避難も考えておかなければならないところでしょう。

中京の工業地帯には、日本の根幹とも言える企業体の工場や施設が数多く存在します。わが国全体に及ぼす影響は計り知れないものがあります。

自治体は、常に過去の災害事例をベースに対策を練ります。言い方を変えれば、被害が起きないと対策を練らない、被害が起きて初めて動くものなのです。対する住民も、過去の事例にとらわれて「これまではそこまでの災害は起きなかった」と未経験の災害には無防備です。気象災害においてはこれが大きな被害を生む原因になります。

洪水が発生した場合に備えて、**浸水地域のハザードマップ**を出す自治体も増えています。洪水による被害は事前に想定されているのです。

しかし実際に災害が起きると、自治体は「十分に発信していた」と言い、住民側は「そんなことは聞いていない」と言う。発信者と受け手がかみ合っていないと危険への対処が遅れます。どちらか一方に原因があるのではなく、双方に責任が存在するのです。

基本的に人は、経験した以上の災害については理解しない（理解したくない）ものです。これを**正常性バイアス**（自分に都合の良いほうに解釈する心理）と呼びますが、そうならないためにも過去の災害史を知っておくことはとても重要なのです。

ただし、気象災害に関しては、これまでにない事態が進んでいることを理解しなければなりません。もはや異常気象という概念は防災上捨てるべきであり、**日本列島は大規模な気候変動の中で、過去に経験がないほどの大雨や台風に見舞われる**ことを覚悟すべきでしょう。「これまでそんな被害がなかったから大丈夫」という考え方はもはや通用しません。想定を上回る対策を用意しなければ被害は防げません。

ポイント・・・▼

過去の災害を知ることで、「想定外」を想定しておく

阪神淡路大震災時と変わったこと、変わらないこと

阪神淡路大震災が起きた25年前と比べて、現在、多くの住宅の耐震性は確かに向上しています。しかし、都市部への人口集中がさらに加速していることもあり、東京も大阪も木造住宅密集地域の危険度はかえって増しているように感じられます。

東京も大阪も発災する前に都市の住宅の難燃化を進め、災害に強い街づくりをしなくてはなりません。そして住民たちはそのようなリスクに向き合い、防災への取り組みを行うことが求められます。

阪神淡路大震災の以前、「**関西は地震が起きない場所だ**」と言われていました。九州も同様でしたが、２０１６年に熊本で大地震が起きました。

熊本県では約１２０年間、被害のある大きな地震はありませんでしたが、実は２００年以上前に、１万５０００人もの人が亡くなる火山性の地震が起きていました。歴史的

な大災害があった場所でも、長い年月が経てば「ここは地震がない場所だ」と勘違いしてしまうのです。

熊本地震では周辺の高速道路の多くが破壊され、橋脚の落下による犠牲者も発生しました。直下型の地震で、地盤そのものが動くような場合には、破壊を絶対に免れるような建物などは存在しないと言っていいでしょう。

地震に関して、予知・予測の分野はまったく進歩していないと思っていいでしょう。多くの研究者も「**日時や場所、規模などを特定する地震の予知は**

阪神淡路大震災では数多くのビルが倒壊した

できない」と断言しています。過去の地震から見た統計学的な観点によって「地震発生の確率が上がっている」「この地域で地震発生の可能性が高い」などというのは予知とは言えません。

ただし、地震発生時のさまざまな条件や環境を分析して、一定の地域における地震災害のリスクの高低を論じることは可能です。そういう意味で、「**日本の首都圏が世界一地震災害のリスクの高い場所**」であることは間違いありません。

これらは大規模災害が発生した際に、保険会社が破綻しないように加入する再保険会社（スイス）などの示す「**世界で最も自然災害のリスクが高い都市**」として**東京・横浜が第1位にランキングされている**ことでも証明されています。

本来、リスクを分散させるため、地方都市に首都機能を移転させるべきなのですが、論議はされているものの、具体的にはあまり進んでいないのが現状です。

ポイント……▼ **地震の予知、予測は今もできないままであると覚えておく**

大規模災害ではどんなことが起きていたのか

東日本大震災の直後、私は親類が住む宮城県の気仙沼市を訪れました。まだ行方不明者が数千人規模という段階で、自衛隊が規制線を張って救助・捜索活動をしている最中でした。発見されたご遺体が次々と搬出されていて、浜にはどこからかカラスの大群が集まってきていて、周囲には異臭が立ちこめ、ハエなどの虫も大量に発生していました。がれきの撤去作業が行われ、自衛隊の重機も入っていたのですが「万が一まだ生存していたら」という配慮から、手作業を中心にして丁寧な作業が続いていました。

そして一度仙台へ戻り、海岸線を少しずつ北上し、青森までつぶさにその状況を記録し、津波が何をもたらしたのかを確認していきました。幼少時によく過ごした、美しく穏やかな印象しかなかった東北の海はもうそこにはありませんでした。

津波という圧倒的な自然の力は、人の営みを徹底的に壊し、コンクリート製の巨大な堤防をも破壊しつくします。海の恵みを享受するために沿岸部に住むということは、その運命を背負って生きていくということなのです。

2016年に発生した**熊本地震**は発災直後に震度7の強震が連続するという過去に記録のない揺れが発生した地震でした。熊本空港が閉鎖されたために、鹿児島からテレビクルーとともに現地入りしましたが、現地が近づくにつれてその惨状は凄まじいものがありました。

一番被害の大きかった益城町《ましき》は、偶然にも2015年に私が隣町で防災セミナーを行った場所であり、周辺にの

東北地方に甚大な被害をもたらした東日本大震災

どかな田園地帯が広がる住宅地です。熊本県は阿蘇山からの豊かな湧水で知られていますが、現地で話を伺うと、益城町は地下に「**伏流水**」が流れ、被害の大きかった地区は地盤が脆弱な土地であったことがわかりました。

長い間、地震被害のなかった土地だけに、古い家屋が数多く残っていた益城町では、木造家屋がことごとく被害に遭い、家屋の損傷は過去の地震被害のどの現場よりも凄惨でした。のちの調査では、**新築したばかりの新耐震基準による設計の家屋であっても全壊・半壊の被害が発生**していたようでした。地域の地盤の弱さも関係していると考えられますが、それほどに熊本地震の揺れは激しいものだったということです。

もしも、このような強震が東京都心部を襲えば、同様に脆弱な地盤が広がる荒川、江戸川周辺の木造住宅密集地域で家屋倒壊ほか、大変な被害が発生することが確実です。

ポイント‥‥▼

地盤の脆弱な土地では大地震で家屋の倒壊が大発生する

「災害時要支援者」をどのように守ればいいか？

情報の入手が難しく避難が遅れ、真っ先に被災者となることが想定される人を**災害時要支援者**と言いますが、そうした**災害弱者**の代表である高齢者をどう守るかは、自治会の防災組織において一番大きなテーマです。

先に少し触れました、有名な「**白馬村の奇跡**」ですが、長野県の白馬村では、震度6弱の地震（2014年）のとき、倒壊した家屋から速やかに住民を救助しました。40戸以上の家屋が全半壊しましたが、負傷者は出たものの、死者は1人も出ませんでした。

白馬村には「**災害時要支援者のマップ**」があり、どこにどういう支援が必要な人がいるのかがひと目でわかり、さらに要支援者をサポートする人、救助にあたる人も事前に決めてマップに示していました。また、倒れそうな家屋が地域にどの程度あるのか、倒壊した際にどのように対応するのかについても事前に決めてあり、いざというときのために重機や機材を揃え、バスなどによる被災者の搬送システムも用意していました。

その後、この**白馬村モデル**は地域の共助の在り方を示す模範となりました。

個人情報保護問題のため、都会では難しい面もありますが、すでに実現している地域もいくつか存在しています。自治会で白馬村モデルを研究するのもいいでしょう。

生涯未婚率が上昇し、少子化が進むにつれ、ひとり暮らしの高齢者もどんどん増えています。つまり、**地域の中の最小のコミュニティにおける助け合いが、より大切になる**のです。しかし、高齢者自身が助け合いに参加できないというわけではありません。

たとえば、自ら他者を助けることはできなくとも「お隣さんがいるはずなのに避難してこない」という安否確認や、避難への声掛けはできます。また、「この部屋にいつも寝ているはずなのに、家屋がつぶれているので出られない」というような情報をレスキュー隊員に伝えることも可能です。

ポイント……▼

災害弱者はコミュニティの中で守っていく

要介護者のいる家庭の災害対策

過去の災害において、誰かの支援がなければ避難できない方は、残念ながら犠牲になるケースが数多く見られました。このような**災害時要支援者**の家族の方は、災害に対してより十分な準備をしていないと被害を防ぐことができません。そんな災害時要支援者に対して政府、自治体、福祉団体などが対策を講じてはいますが、地域によって大きな差があり、自助、共助（地域でのサポート）を前提に進めていく必要があります。

各自治体では、**要支援者に対する避難支援のための登録制度**を行っているはずですので、市区町村で登録のための条件等を確認しておきましょう（市区町村ごとに対象になる方の範囲など制度が異なります）。これに登録することによって、地域の消防団、自主防災組織、町内会、民生委員などが情報共有し、安否確認、避難支援などを優先的かつスムーズに受けることができるようになります。

要介護の方が避難するためには、**車いすやストレッチャー、緊急時のおんぶ紐**などの準備が必要です。もし自宅が危険な状態でなければ、支援者はリスクの伴う避難所への避難より、自宅で安全確保を行う判断が必要になる場合もありますので、**自宅で介護を継続するための医薬品やおむつ、介護用品などを十分備蓄**しておかなければなりません。

また指定の避難所では要介護者への対応が難しいケースも十分考えられます。近隣の福祉避難所などの施設への入所が可能かどうかなども事前に調べておきましょう。

そして地域の防災訓練などにも積極的に参加し、それらが要介護者を持った家族が対応可能なものかどうか、難しければどのように対処するかを決めておく必要があります。

いずれにせよ、公的支援は必ず遅れるものと考え、介護者である自分が近くにいない、または自らが被災して動けない事態に備えて、**誰かにサポートしてもらえるようなコミュニティを地域で構築しておく**ことが、要介護者の生命を救うと考えるべきでしょう。

ポイント・・・▼

要介護者がいる家庭は、自治体の避難支援登録制度を利用

災害で被害に遭ってしまう人の特性

災害時に真っ先に被災者となる人は、残念ながら最初から決まっていて、**災害弱者**と呼ばれる高齢者と小さなお子さんです。

高齢者の中でも、特に被災者にありがちなのが、「経験上、これ以上ひどくならない」とか「前の震災では大丈夫だったから」などと、自分の経験をふりかざして周囲に触れ回る行動です。その結果、他者を危険にさらすことがあります。

災害時に発生する「正常性バイアス」の心理状態にとらわれていることを自覚できていないと、被害を拡大させてしまいます。災害時に経験値は重要ではありますが、それよりも、**正しく恐れ、冷静にかつ論理的に行動する**ことが求められるのです。「**避難が無駄になってもかまわない。最悪の事態を想定して安全を確保する**」ことが重要です。

高齢者に限らず、経験値のない若い方にも「自分だけは大丈夫」という根拠のない自信を持つ、お気楽な人は世の中に数多く存在しています。そういう人は自分の周囲の人や大事な家族を守ることができません。

一市民が発災直後の緊迫した被災地を訪れることは難しいことですが、大切な人を守りたいと思うのならば、被災した現場をボランティアで経験し、被災者と触れ合う経験を得ることは決して無駄にならないと思います。

被災地では地域の防災リーダーと呼ばれる方とお会いする機会も多いのですが、リーダーは最悪の事態に備えて

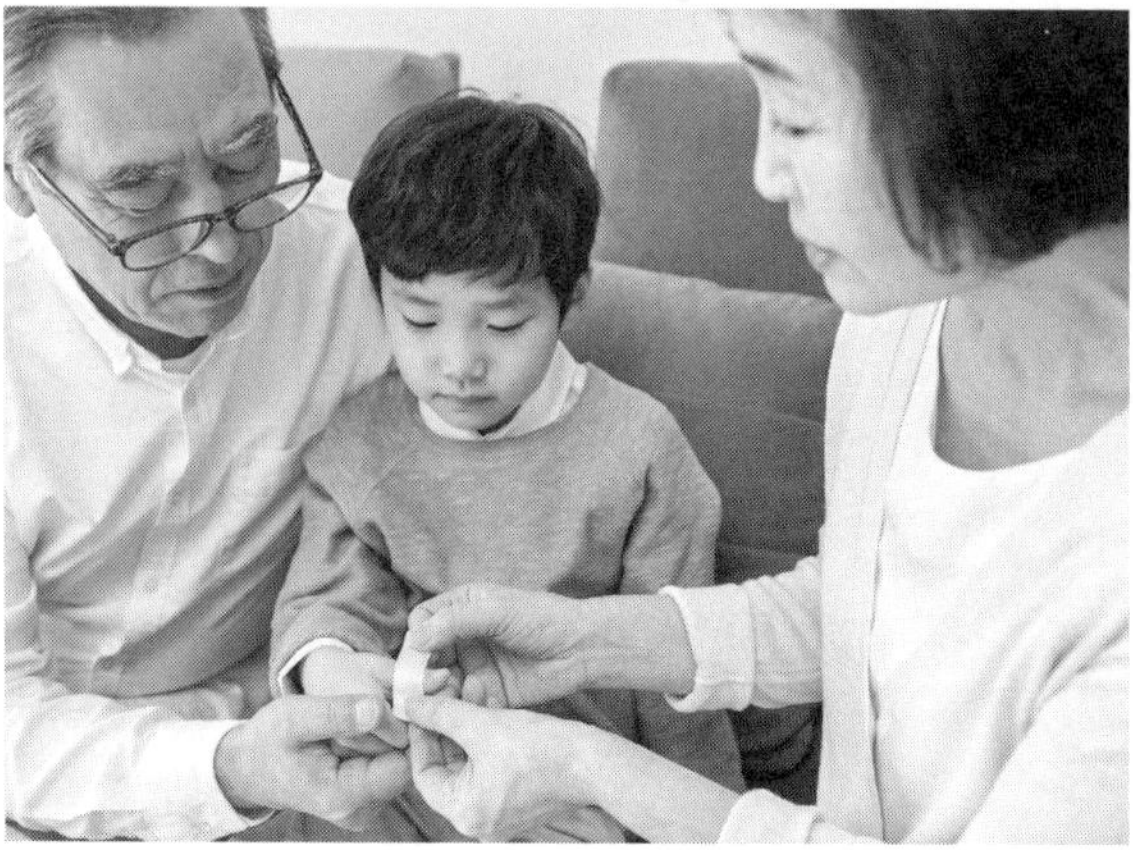

災害の被害に遭う危険度が高いのは小さな子どもと高齢者

「ここは被害に遭う可能性があるか」「次に何が起きるのか」「何を優先すべきか」という判断をしなくてはなりません。しかし最悪の事態を想定できない人が多いように感じます。自分が住んでいる土地の危険性から、人は自然と目をそむけ、見ないふりをする傾向があります。

ある日、湘南エリアで起きた土砂崩れで、女性が1人亡くなった現場に行きました。現地の人が「50年以上住んでいるけれど、こんな場所で土砂崩れなんて絶対ありえなかったのに」と言っていましたが、周囲は広範囲に土砂災害の警戒区域に指定されていて、現場も切り立った急斜面の直下の道路でした。

いつ崩落が起き、事故があってもおかしくないような場所にもかかわらず、事故が発生するまでは、日常生活の中でその危険を見過ごしてしまうことがあるのです。

ポイント・・・▼

「前例がないから安心」という考え方を捨てる

被災時に役立つのはラジオよりインターネット

災害発生時の情報収集手段として、従来は**ラジオ**から情報を得ることが推奨されてきましたが、今ではいかにして**インターネット**から情報を得るかのほうが重要です。ラジオは消費電力が非常に低いので、長時間使用可能というメリットはありますが、残念ながら被災時にテレビやラジオからの情報は、被災した地域にとって有益な情報とは言えないでしょう。

災害が発生すると、**テレビやラジオはどこの局も同じような情報を流している**ことに気づきませんか？　テレビやラジオの番組制作者は多くの視聴者が興味を持つであろう内容を選択して番組を制作するため、最も大きな被害が発生しているところに取材が集中してしまいます。これは被災地域にいる被災者のためではなく、「**被災地域以外の多くの視聴者**」**の関心のための放送**になっているからです。

災害に直面したとき、被災地では最も被害の大きな場所を何度も見る必要はありません。被災者は、このあと地元で何が起きるのか、自分の地域にいつどんな支援が届くのか——そういう情報が欲しいのですから。

そういう意味で、インターネットは自分の求める情報を入手することが可能です。スマートフォンやタブレットなどに、自分が住む**自治体や気象庁のアカウントを登録**し、**防災アプリ**などを導入しておくことで、「次の台風が近づいている」といった気象情報や、避難所の開設や食料の配給支援など、

災害時に頼りになるのは、ラジオよりスマートフォン

自分にとって必要な情報の収集ができます。

ただラジオでも、ほとんどの**ローカルFM局**は、災害発生時には防災や支援の情報の提供に切り替わります。自分の持つラジオに地元のラジオ局を登録しておいたり、スマートフォンにラジオを受信するためのアプリをインストールしたりしておきましょう。

また、ネット環境を持っていない人のために、周辺のすでに情報を得られる人が情報の取得の仕方を伝えることも重要です。高齢者が多い地域では「スマートフォンやアプリで災害時に備えましょう」という啓蒙活動を行うことが必要です。

災害への対応には、迅速で正確な情報収集が欠かせません。さまざまな事情でどうしても導入が難しいということであれば、地域の中で二次的に情報を伝達できるコミュニティ作りを考えるべきです。

ポイント・・・・▼

高齢者にもネットでの情報の取得の仕方を伝えておく

スマートフォンは最強のサバイバルグッズ

災害の発生時に役立つものは、災害の種類によっても異なりますし、時間の経過によって刻々と変わってきますが、今の時代であれば「**スマートフォン**」の活用が最上位にくることは間違いありません。

多機能なスマートフォンは、災害発生時には多くの用途で利用可能なサバイバルグッズです。**緊急地震速報や大雨警報などのアラート**によって難を逃れる可能性が高まりますし、家族との連絡ができ、避難経路を確認するための**地図**を表示できるうえ、停電時の**ライト**などの機能も備えています。

いわゆる「**ガラケー**」と呼ばれる携帯電話であっても、回線さえつながれば家族とも連絡がとれますし、限定的ではありますが、各種の防災情報を入手することも可能です。ガラケーのメリットとしては、スマートフォンのように多くの電力を消費しないので長時間使用することができる、ということが挙げられます。

現在のスマートフォンは、インターネット上の情報をほぼすべて入手することができます。防災情報を得るために必要な「自分に直接関係する情報」を選び、それを事前に手に入れておくことが大切です。

スマートフォンには自分が必要な防災情報アプリをあらかじめインストールしておこう

ポイント……▼

スマホは連絡のほか、地図、情報収集、ライトにも使える

被災時の通信手段を知っておこう

災害発生直後に携帯電話がつながりにくくなることはよく知られていますが、そんなときにも利用可能な「１７１」の**災害用伝言ダイヤル**の認知度は、あまり上がっていないようです。スマートフォンでなくても固定電話からもかけられますし、音声案内が流れて、番号登録から、録音、再生などをていねいに指示してくれるので、小さなお子さんから高齢者まで誰でも使用できる安否確認の方法としてぜひ知っておきたいものです。**毎月１日と15日はお試し利用ができる**ので、家族で試してみるのもいいと思います。

現在のスマートフォンでの連絡方法は、通話やメールよりも、**コミュニケーションツール**（**SNS**）のほうが主流です。スマートフォンをお持ちでしたら、**LINE**や**ツイッター**などのSNSで、情報収集のために公的アカウント（自治体や政府、気象庁のほか、鉄道会社や道路交通情報など）をフォローしておくことをお勧めします。

ただし、スマートフォンを通じて目に入ってくる見知らぬ人のデマや不確実な情報をうのみにしたり、拡散することは厳禁です。大事な情報は必ず自治体や政府、気象庁などの公式アカウントから得るようにして、個人が発信したものは、たとえ著名人であったとしても信じない、人に伝えないということを心がけてください。

現在は大災害が発生しても、通信の復旧はものすごく早く、また通信事業者や自治体、学校などのWi-Fiはすべて無料になります。東日本大震災の教訓から生まれた「**ファイブゼロジャパン**」という無料Wi-Fiがあって「**00000JAPAN**」で誰でもつながるようになります。都市部であれば、これらのWi-Fi回線は災害発生後、ほぼ即日開放されます。電源車が被災地の中に入れなかったりすると難しい場合もありますが、過去の災害では、大きな避難所でWi-Fiの中継器がすぐに到着するのが見受けられました。

電話回線が不通でもWi-Fiが使える状況になれば、それほど問題はないでしょう。

ただし**携帯もスマートフォンもバッテリーが切れると、まったく意味をなしません。**

２０１８年9月、北海道胆《い》振《ぶり》東部で発生した地震によって、史上最大級の規模となった大停電、**ブラックアウト**が北海道全体を襲いました。すべての明かりが消失し、車のヘッドライトのみが街を照らしているという状態がほぼ2日間続いたのです。システムを再起動することができたのは45時間後で、バッテリーが切れてしまったスマートフォンを充電する電源を求めて、住民が街を右往左往するという光景が見られました。

とにかく現代人は電気と通信が生命線になっています。その通信網も電源なしには成立しません。今後、企業はもちろん個人も大規模停電に備えて「**蓄電**」をしておく必要があると思います。最近は非常用電源としてスマートフォン用の予備バッテリーをお持ちの方も多くなっていると思いますが、私は、ソーラータイプのモバイルバッテリーなどを複数台用意しています。皆さんも**スマートフォンが少なくとも1週間以上使える容量を持った予備バッテリー**を必ず用意しておきましょう（93ページ参照）。

ポイント……▼

スマートフォンの予備バッテリーは必需品

防災や災害時に使えるスマートフォン用アプリは？

スマートフォンには、災害時に使える「**防災アプリ**」がいろいろとあります。これらのアプリを使い、自分の住む地域や生活するエリアを設定すれば、位置情報などから、雨雲の接近なども知ることが可能になっています。避難経路を示す地図情報なども、事前に自分の住む地域の情報をダウンロードしておけば、ＧＰＳのみで作動するようになっていますので、回線がダウンしているような状態でも、使用することが可能です。

災害対策のアプリとしては、防災情報の通知を細かく設定できる「**Yahoo! 防災速報**」がお勧めです。「プッシュ通知」で、自分が欲しい情報を選んでおくと、災害が起きたときに教えてくれます。たとえば「**時間50ミリ以上の雨が近づいたら教えてほしい**」「**震度４以上の地震が発生したときは教えてほしい**」といった設定ができます。ＧＰＳと連動することで、今自分がいる地域に災害の危険が迫ったときに、通知が来るようなシステムになっています。

また、情報量が圧倒的に多く、現地の取材カメラからの映像などが手に入る「**NHKニュース・防災**」も進化した防災アプリです。

Yahoo! 防災速報

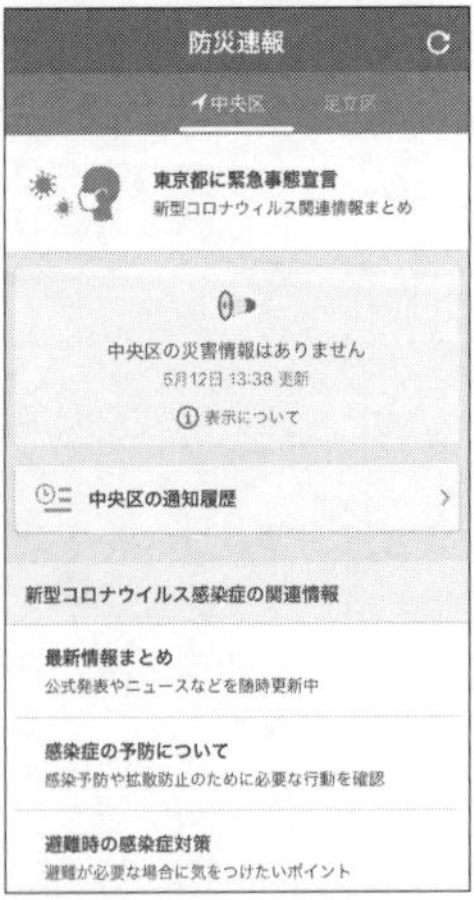

東京都の防災速報

ポイント・・・・▼

災害対策のアプリとしては、Yahoo!とNHKがお勧め

第2章

災害時の基本を知る

災害に備える基本の「き」とは？

災害に備える基本は、自然災害が起きたときに自分が被害に遭わないようにすること。その基本の「き」は、**安全な地域の安全な家に住むこと**です。

住んでいる地域の災害発生時に必要な情報や、いざというときの行動基準のための情報収集をして、安全な避難場所や避難所へ速やかに避難できる経路や行動開始のタイミングを、家族全員と共有できるようにしておきましょう。

ハザードマップを見ておけば、この地域ではどういうリスクが存在しているのか、またリスクの高い場所、低い場所を判断することが可能になります。

水害でも地震でも避難時に持っていくものや必要なものは、それほど変わりませんが、避難時の服装や装備は変えたほうがいいでしょう。水害が起き、河川近くの危ないところから避難しなければならない場合は、**ライフジャケット**を用意したいところです。

洪水発生の危険があり、河川の近くに住んでいる方、小さなお子さんや避難の遅れがちな高齢者などが同居している場合は、家族分を用意しておきましょう。洪水の際には、水が入ると動けなくなる長靴ではなく、紐できつく縛ることで脱げにくくなる**厚い底の運動靴**がお勧めです。

地震に備えて、**ヘルメット**も用意しましょう。特に小さいお子さんは落下物を避けることができないので、ぜひ着用させてください。自転車用のヘルメットでも十分役に立ちます。

小さい子どもには地震の際、ヘルメットを着用

ポイント……▼

安全な家、地域に住み、安全な場所に避難するのが基本

避難時に持ち出すべきもの

いわゆる**備蓄**と避難時の**非常用持ち出し袋**を勘違いしている人が多いようです。

非常用持ち出し袋というのは、家から持ち出して避難所に行くためのものでなければなりません。それを勘違いして、2リットル入りの水のペットボトルや食料を、非常用持ち出し袋にいっぱい詰めている人がよく見受けられます。

基本的に避難所には避難者の命をつなぐための水や食料が用意されていると考えていいので、非常用持ち出し袋に入れておくのは、本当に最低限のもので十分です。**水は500ミリのペットボトル2本程度**、**食料は非常食程度**で問題ありません。

自宅で避難生活を送るために備蓄する水や食料は、好きなだけ用意してもかまいませんが、避難所に持ち込むのは**生活用品**、**衛生用品**、**半日から1日しのげる程度の水と食料**でOKです。重い荷物を抱えて避難所へ向かう途中で遅れてしまったり、二次的な災害に遭わないとも限りません。

一番必要なのは衛生用品です。

災害時は感染症で亡くなる方がとても多く、熊本地震でも避難所で亡くなる方が大勢いました。避難当日から、感染症のために救急車が出動するような状況でした。

２０２０年、コロナ禍の中では避難所設営自体が難しいと考える自治体も多くあります。政府も陽性患者の避難所受け入れは望ましくないと考えて、専用の宿泊施設を設定するような動きも見られます。また新型コロナの特性

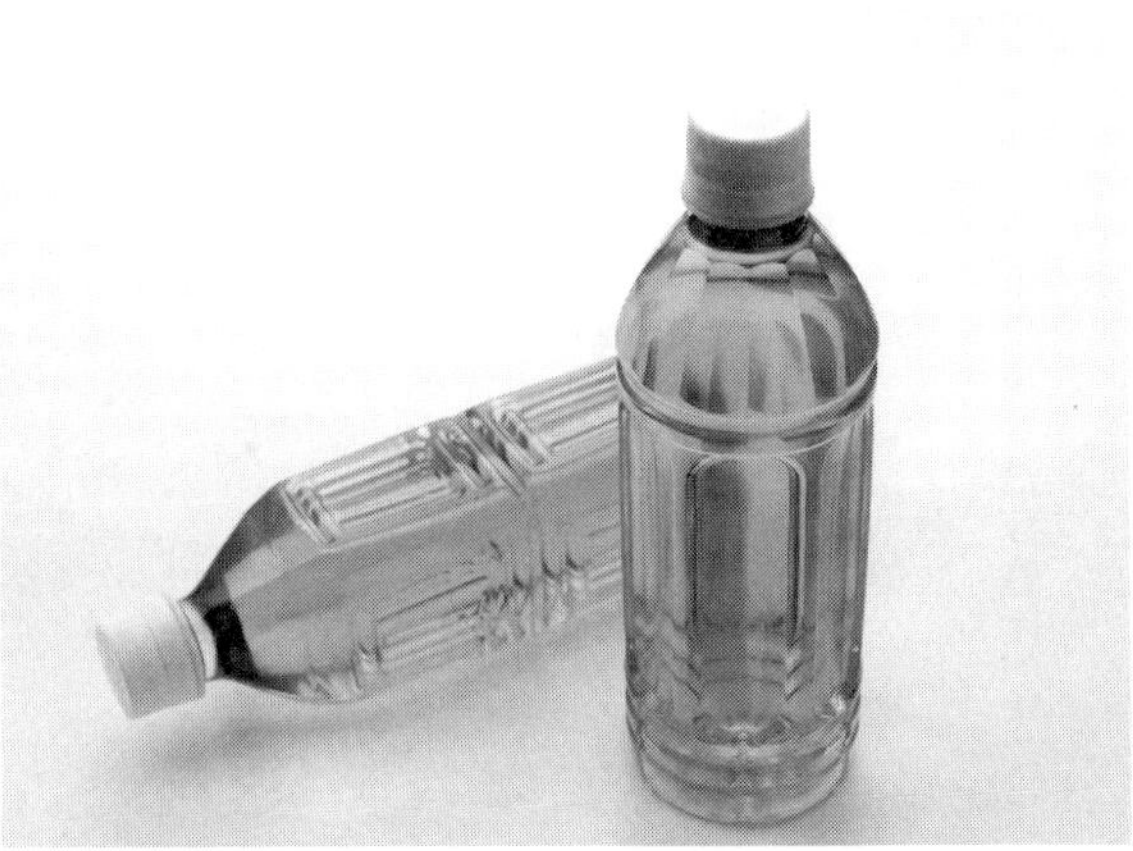

非常用持ち出し袋には500ミリのペットボトル２本で十分

上、擬陽性の被災者が多く発生することも考え、擬陽性の家族を隔離するための避難所の拡大、施設内での衛生環境の改善などを早急に進めなければならないのが現状です。

避難所というのは、コロナの蔓延下でなくても、感染症のリスクが非常に高い場所です。ですから私は、自治会の防災組織などでの講演で、避難所に行かずに済むためにはどうすればいいのか、自宅で過ごすためには何が必要なのかについてお伝えしています。

衛生用品としてまず必要なのは、**マスク**と**消毒用アルコールの含まれたウエットティッシュ**です。避難所で過ごす際、感染症防止のため手足を清潔にするために使います。プッシュタイプの消毒液でもいいですが、やはりすぐに取り出せて殺菌作用のあるウエットティッシュが基本です。除菌消毒用に次亜塩素酸水なども作れるように用意しておきましょう。

また、少し特殊ではありますが、**花粉症対策用のゴーグル**は飛沫感染防止に役立ちます。これは掃除の際にも役立ちます。自宅が被災してしまったら、その後の生活の大半を占めるのが**掃除**になります。家屋から出てくる粉塵には、さまざまな毒物が含まれていることがあり、それが目に入るのはとても危険です。目から感染症にかかってしまうこともあります。目に少しの泥が飛んだだけで感染症にかかってしまうので、目を守ることは非常に重要なのです。

感染症のきっかけとなるのは、目、口、そしてトイレが多いということを、ぜひ知っておいてください。

避難所に用意されている水や食料など生きていくうえで最低限の物資以外

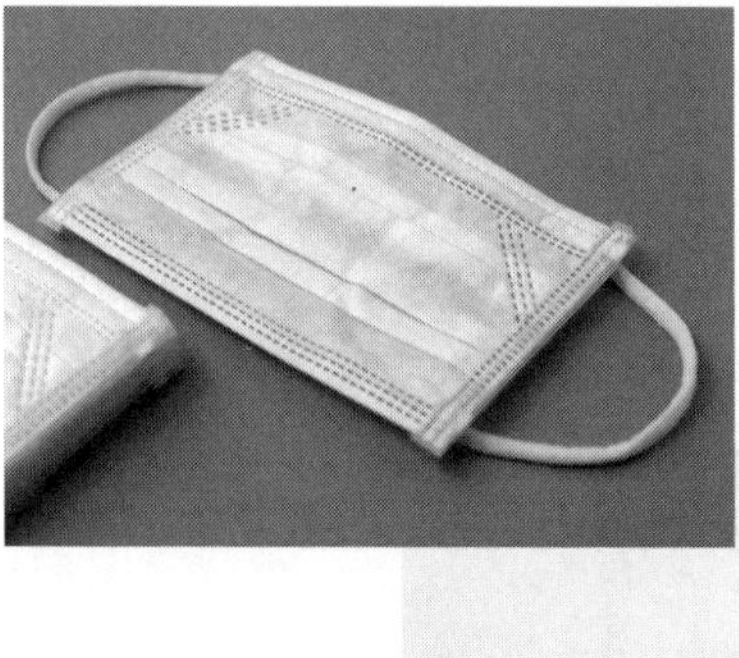

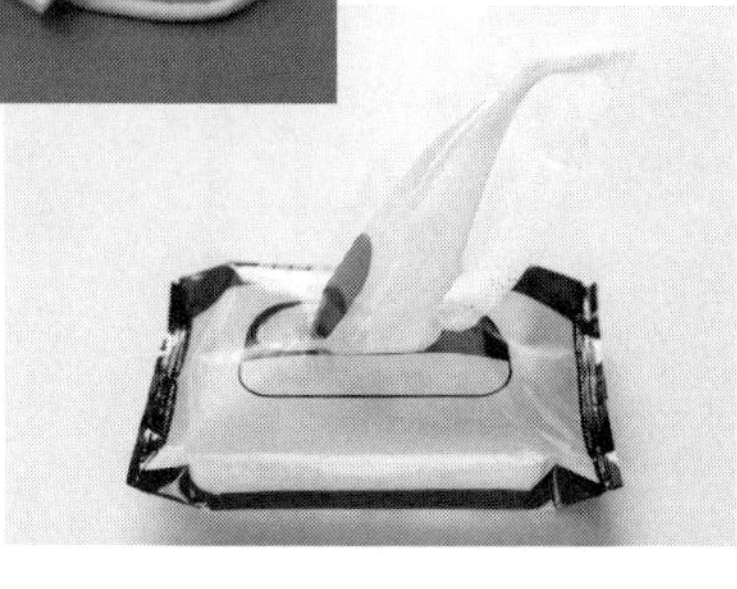

避難所ではマスクやウエットティッシュが必需品となる

で必要になってくるもので、意外と忘れがちなのが**歯ブラシ**です。旅行セットの歯ブラシがあれば十分でしょう。

避難所生活が始まると歯磨きが億劫になります。しかし歯磨きを怠ると誤嚥《ごえん》性肺炎が起きやすくなるのです。特に高齢者は注意が必要です。肺炎は死に直結する病気だからです。高齢者は、風邪からそのまま肺炎になるケースが多いのですが、口の中に溜まった細菌が肺にまわることで一気に肺炎になり、免疫不全を起こす場合もあります。

免疫力が落ちることは何より怖いことです。ですから私は「**避難所を利用するのは大変リスクが高い**」ということを、セミナーなどでも常にお伝えしています。

ポイント・・・・▼

避難所で一番必要なのはマスクや歯ブラシなどの衛生用品

被災時には「明かり」がとても重要になる

２０１９年９月、関東に上陸した史上最大クラスの台風により、千葉県にはかつてないほどに広範囲に、しかも場所によっては２週間以上もの期間、電力の供給が絶たれた地域が発生しました。現代生活において電力は不可欠のインフラです。そして地震や台風などの災害発生時に自宅で避難生活を送るためにも、「**明かり**」は欠かせません。

東日本大震災の発生直後、夜中に被災した海岸まで辿り着いたとき、地域全体を明かりのまったくない暗闇が覆っていたことに私は驚愕しました。

その後、いくつもの災害の被災地を訪れましたが、電気が復旧することが、被災者のすさんだ気持ちに勇気を与えてくれることを確信しました。

被災地では、停電している地域で、空き巣などの犯罪行為が横行します。それが、明かりが灯されることで人の目が届くようになり、発生件数が激減するのです。

現代社会では、日没以降のさまざまな行動に「明かり」が必要です。被災時に自宅でインフラが回復するまで過ごすためには、「**懐中電灯**」だけではなく、家族の食事の際に周囲を照らすような「**ランタン**」などを用意しておきたいものです。

夜の避難途中でも安全を確保するための「明かり」が必要になりますが、電球式の懐中電灯だけでなく、最近では安価で明るいＬＥＤタイプのライトも数多く販売されています。

災害発生時に備えてロウソクを購入

ヘッドランプ、ランタンなど数種類の明かりを用意しよう

している方も多くいらっしゃると思いますが、小さなお子さんがいて倒す危険性のあるご家庭では、使い慣れていない火の使用は、かえって火災の原因になりかねないので、お勧めできません。

また、ツナ缶や食用油を使用したランタンなどを紹介するメディアもありますが、余震の可能性がある地震のあとは危険です。ステンレス製の大きなお皿などの上で、周囲に燃えるようなものがない、換気が十分な場所以外では使用しないようにしましょう。

停電で真っ暗な中、暖かい色の明かりは気持ちを落ち着けてくれる効果があります。明かりは、避難時に両手が空けられて、遠くまで道を照らす懐中電灯タイプの「**ヘッドランプ**」と、周囲を広く照らしてくれる「**ランタン**」タイプのもの、停電したその瞬間に自動点灯する「**保安灯**」（充電式でコンセントに挿しておく）の3種類を用意しておくと安心です。

ランタンは複数の充電方法を持つ（手回し式、ソーラー、電池、USB充電など）

ハイブリッドタイプのものが被災時には最も有効です。現在はネットショップなどで2000～3000円からと安価で販売されているので、この機会にいくつか購入しておいてはいかがでしょうか。

モバイルバッテリーを用意し、USB充電ができる機材を揃えておけば、乾電池を大量に購入しておく必要もありません。最新の製品は性能も非常に高くなっていますが、購入の際には必ず、日本の電気用品安全法の規格を守っているという、**PSE認証**を取得しているものを選びましょう。

ポイント……▼ **ヘッドランプ、ランタン、保安灯を用意しておくと安心**

避難時の非常用持ち出し袋に入れておきたいもの

避難時の非常用持ち出し袋に入れておきたいもののリストを例として挙げてみます。避難所に行かなければならなくなったときに、どのようなものがあれば、より快適に過ごせるかを考えれば、おのずと持っていくべきものが決まります。前述の通り、避難所に持ち込むものは、自宅で過ごすための備蓄品とは異なるので事前に分けておきます。**非常用持ち出し用袋は、背負って走れる程度の重さ（約10キロ以下）**にしておきましょう。また、居間や寝室に置いておくと、家族の誰かが知らぬ間に押し入れの奥にしまい込んだりしがちですので、玄関付近の目につく場所に置いておき、すぐに持ち出せるようにしておいてください。

□**飲料水**（５００ミリペットボトル２本）
□**非常食**（菓子類・ゼリー状の食品）３日分

□**医療品**（消毒液、三角巾、胃薬、解熱剤など）1週間分
□**簡易食器セット**（家族分）
□**衣類**（着替え、防寒具）
□**アイマスク、耳栓**（災害時の避難所は眠れないので、体を休めるために必須）
□**懐中電灯と電池**（電池が液漏れしないように別々に保管）
□**携帯ラジオ**（手回し式併用、携帯充電器との一体型が良い）
□**スマートフォン／携帯電話、充電器、予備バッテリー**
□**現金**（千円札、硬貨を含む数千円～2万円くらい。各自で判断）
□**ライター**
□**ロープ**
□**ビニールシート**
□**雨具**（雨合羽、折りたたみ傘）
□**軍手／革手袋**
□**ナイフ、ハサミ、缶切り**

□**タオル**（大小）
□**洗面用具**（歯ブラシなど）
□**マスク／ウエットティッシュ**（携帯用を数パック、除菌タイプを推奨）
□**ポリ袋**（半透明・黒色など大小3～4枚）、**保存袋**（ジッパータイプを数枚）
□**風呂敷**（不在時に荷物の紛失・盗難を防ぐ効果あり）
□**布ガムテープ**（文字を書ける明るい色のもの）
□**筆記具**（油性マジック、ボールペン）
□**ヘルメット、防災ずきん**
□**お薬手帳**（投薬履歴を書いたもの）
□**貴重品**（通帳、権利証書のコピー、財布、印鑑など枕元に別途まとめておき、避難時に持ち出す）

ポイント・・・・▼

非常用持ち出し袋は、必ず玄関付近に置いておく

防災用品としても使える日用品

防災用品は、特別な専用のものを買う必要はありません。「**防災用品**」として売られている専用の商品は、少々割高なものが多いうえ、災害発生時にしか必要ないので、ついしまい込んでしまって、いざというときに使えないものです。

実は日用品として使っているものの中に、災害の発生時にさまざまな用途に使えるものがたくさん存在します。

災害発生時には、自宅を離れ、避難所へ移動しなければならない場合があります。避難所の状況にもよりますが、目隠しとして使用したり、組み合わせてベッドを作ったりするなど、自分の与えられた環境を少しでも改善するために、**ダンボール**があると非常に役に立ちます。また、敷物として使えば、断熱効果も高く、一定のクッション性もあるため、より体を休めることができます。

トイレが使用できないような状況で、ダンボール箱を座りやすいように加工して、ビニール袋をかぶせて簡易トイレを作ったり、自宅で避難生活をしている場合にも、割れたガラス窓の一時的な補修、家財の整理や持ち出しの際など、多くの用途に使えます。ダンボールは全部捨ててしまわずに、ある程度の量を取り置きしておきましょう。

溜まるとかさばるので、つい全部処分してしまいがちな**新聞紙**。これもさまざまな用途に利用できます。燃料がないときの焚きつけに使うほか、加工してコップや食器、スリッパを作る方法などがインターネット上でも数多く紹介されています。
また前述のダンボールトイレを使用する際に、事前に新聞紙を短冊状に切って敷いておけば、吸水材として使えますし、消臭効果もありますので臭いが広がりません。衣服の間に入れれば保温効果もあり、細長く丸めれば骨折時の副《そ》え木になるなど大活躍します。すべて捨ててしまわず、常に一定量を残しておいたほうがいいでしょう。

ダンボールや新聞紙なども余裕のあるときにすぐ持ち出せるよう、玄関近くに保管しておくことをお勧めします。

スーパーやコンビニでもらう**レジ袋**は、身のまわりの品を収納するだけではなく、切れ込みを入れて三角巾を作ったり、自宅のトイレが使えなくなったときに、取っ手の部分を便座のU字部分にひっかけて、簡易トイレとして使用することができます。
すでに有料化されているスーパーや薬局もありますが、今年（2020年）7月からはすべての小売店でプラスティック製袋が有料になりますので、今のうちにストックしておきましょう。

ガムテープはダンボールを活用するときに必需品となりますが、壊れた家屋の一時的な修繕などにも利用できます。さらに簡易的な止血や骨折時の副え木を固定するときにも使えます。また、避難所で持ち物の名札や伝言用メモなどをいろいろな場所に貼りつけるのにも便利です。油性マジックで書きやすい布製のガムテープを用意しておくのがいいでしょう。割れたガラスの破片を取るときにも活躍します。用途に合わせて使い分けられるように、紙製のガムテープ、布テープ、養生テープがあると便利です。

ラップは、新聞紙で作った食器に巻けば、食後にそのまま捨てることもできるので、水の節約になります。そのほか、食料の保存や止血時に患部に巻いたり、細くねじってひものようにしたりするなど、多用途で活用できます。

アルミホイルは、加工することで調理器具になります。フライパンに敷いて調理してそのまま捨てれば、洗剤もいらず、片づけも簡単です。断熱効果が高いアルミホイルは、服の間に入れたり、二重にした靴下の先に入れたりして寒さをしのぐことも可能です。丸めて、たわしの代わりとして、調理器具の汚れ落としに使うこともできます。

ポイント・・・・▼

ダンボールや新聞紙は捨てずに一定量を残しておく

備蓄しておくべき水の量は？

避難所に行かなくても済むために重要なことは、自宅での備蓄です。そして、**備蓄の優先順位の第一は水**。水道が止まると日常生活ができなくなり、避難所へ移動せざるをえなくなるからです。

普段から、しっかりとした備蓄を心掛けていれば、何の問題もありません。災害時に必要のないものを購入してしまうのは、「トイレットペーパーが品不足になる！」と聞いて買いに走ってしまうような、**不安心理**からです。十分な備蓄があっても買いに行く人もいます。だからこそ平時の備えが必要です。買い物ができなくなったとき、水道、電気、ガスが止まったとき、何がないと困るのかを考えて準備しておいてください。

たとえば非常用トイレなどは持っていないご家庭が大半でしょう。しかし前述の通り、マンションなどでは電気が停まると、水が止まります。するとトイレも思うように使えなくなります。

つまり**「水」と「明かり」の準備は基本中の基本**なのです。

成人男性が1日あたり体内に取り入れている水の量はおよそ**3リットル**。一般的には3日分の水の備蓄が必要と言われていますが、余裕を見て**1週間分**はあるといいでしょう。過去の災害例を振り返っても、1週間経てば、配給物資がほぼ届きはじめています。

ただし、南海トラフなどの大きな地震が起きた際には、道路が通行止めとなり、物流がストップして、自衛隊などの災害支援も被災地に入れなくなる可能性があります。東日本大震災では、1週間経っても避難所に何も届かないという事態が起きました。

また、島や半島などの地域も、交通が遮断されてしまう危険性が高いです。被災した際、どのように支援物資を配給するかは、そのエリアの自治体が考える問題です。

実際に能登半島地震（2007年）では、半島の山間部にある地域に、陸路で行く術がまったくない事態が起きました。その場合、ヘリコプターを出すしかありません。

東日本大震災でも実際の被害状況がなかなか把握できず、避難所に関しても、どこに誰がいるかがさっぱりわからない状態が2～3週間続きました。そのとき、東北地方の半島部にあった避難所にも被災者が避難していたのですが、そこに人がいることを誰も把握できていないということが、現実に起こったのです。

地震だけではなく、台風や豪雨でインフラが止まることも十分に考えられます。大雨が原因で水や電気が止まることが、実は頻繁に起きているのです。洪水が起きると、土砂の流入などが原因で下水が使えなくなります。すると上下水道は連携しているため、上水道も止まるわけです。武蔵小杉のタワーマンションのように、何カ月も水道が使えなくなるという事態が発生してしまうのです。

ちなみに私は、**2カ月分くらいの飲料水を備蓄**しています。それ以外にも、食器などを洗ったり、衣類を洗濯するための水が必要です。そのために、**水道水を2リットルのペットボトルに入れ、10～20本くらい用意**して定期的に交換しています。

よく、「お風呂に水を溜めておけ」と言いますが、あまりお勧めできません。風呂水というのは衛生上非常に危険なのです。お風呂に一度入ったら体表面の細菌が流出して、お湯が大腸菌などでいっぱいになります。それを2日以上も置いておいたら、数千倍に菌が増殖します。災害時の過労やストレスで免疫力が落ちていると、そういう水が目に少し付着しただけで簡単に結膜炎などになってしまいます。風呂水は、火を消したり、植木にあげたり、トイレを流したりするぐらいにしか使えないのです。

地震の際、マンションなどの集合住宅ではトイレが流せなくなった場合に備えて、風呂水を溜めておくよりも、普通の水道水をある程度の量、ポリタンクなどに用意しておくといいでしょう。

ポイント……▼

1人1日3リットル×1週間×人数分の水を備蓄

食料の備蓄は「ローリングストック」で

近年、「**非常食**」に注目が集まっています。中には「賞味期限5年」「賞味期限10年」なんてものもありますが、実はそんなに特別なものは必要ありません。

賞味期限が長期の「非常食」は、普段食べているものと比べると割高です。そして、しまい込んだあげくに賞味期限を過ぎてしまい、捨ててしまう……そんな悪循環になりがちです。

普段食べているもののうちから、比較的保存性の高い食品（缶詰、レトルト食品、パスタなどの乾麺）をやや多めに購入し、賞味期限の古いものから消費していく「**ローリングストック**」という備蓄の方法なら、特別な長期の保存食を購入する必要はありません。被災時には、手間がかからず簡単に栄養を補給でき、かつ満足感を得られるものを食べることが、二次的な健康被害を防ぐ意味でも重要です。

ちなみに、私は山登りやキャンプが趣味なので、保存食や携行食を欠かすことはまずありません。

それ以外にも**約1週間分の麺類や缶詰などの保存食料は常にストック**しています。

一般的には3日分の水や食料を備蓄することが推奨されていますが、今後、大規模な災害が発生する可能性が高い日本に住む限りは、**家族全員が配給などを受けずに、1週間過ごせるよう計算**して、水や食料を用意しておくようにしましょう。

「1週間分なんて、そんなに大量には用意できない！」と考える人もいるかもしれませんが、**普通のご家庭では冷蔵庫の中に、だいたい3日分くらいの食べ物が入っています。**

まずは生鮮食品を初日に消費して、自然解凍したものを次に消費、そして保存性の高いものという順に消費しましょう。それに4日分の水と食料を追加すれば大丈夫です。それだけで1週間、家族が飢えや渇きに苦しむことがなくなるのです。

さらに言えば、**災害時に1日3食を食べる人はあまりいません。**2食ないし1食です。

切羽詰まったときの人間は、お腹が空かないものです。1日3食分をきっちり用意する必要もないのです。

その間に日本の国力であれば、流通やインフラも回復に向かうことでしょう。災害発生後、健康被害に遭わないためにも、今日から自宅の備蓄について見直しましょう。

ポイント……▼ **普段食べている保存性の高い食品を多めに購入しておく**

備蓄しておくべき食品の具体例

では、どのような食品を備蓄しておけばいいでしょうか。保存期間が長いもの、火を通さなくても食べられるものがいいでしょう。**レトルト食品**は、ローリングストックで入れ替えていけば保管に困らないと思います。栄養のバランスを取るためにも、ビタミン類などが取れる**野菜や果物などの缶詰**などもストックしておくといいと思います。

私は「**パスタ**」を勧めています。賞味期限も約３年あり、調理が楽だからです。電気炊飯器以外でのお米の炊き方を知らない人は結構多いと思いますが、パスタは誰でも簡単に調理ができ、時間もかかりません。

ライスだけを食べるのはちょっと寂しいですが、パスタは、たとえばオリーブオイルとちょっと風味のついた塩などをかければ、それだけでおいしくいただけます。和風でも洋風でも、レトルトのカレーをかけるなどバリエーションも楽しめます。過去の災害時に避難所を運営する方々に差し入れをしたときも、パスタはとても喜ばれました。

とはいえ、私たち日本人の主食であるお米を食べたくなることもきっとあるでしょう。停電に備えて、電気炊飯器が使えなくてもカセットコンロとお鍋などでご飯を炊けるように練習しておくのは、悪いことではありません。

副食には栄養価が高く、タンパク質、ビタミン類が豊富なものを選ぶといいでしょう。災害時には野菜類が手に入りにくくなるため、**ホールトマトの缶**

賞味期限も約3年と長く、調理も簡単なパスタを保存食に

詰などがお勧め。パスタにも合わせやすいし、そのまま食べることもできます。
また免疫力の低下に備えて、**梅干し**、**蜂蜜**、保存性の高いコンパクトな個別包装の**緑茶ティーバッグ**なども用意しておきたいものです。

割高ではありますが、非常食についても触れておきましょう。

数十年前の「**非常食**」と言えば、保存性の高い「**乾パン**」が主流であり、味は二の次で、当座の空腹を満たすだけのものでしかありませんでした。何よりも口にすると喉が渇いてしまって、飲み物と一緒でないと、とても食べられる代物《しろもの》ではありませんでした。

しかし、今の非常食は種類が豊富で、栄養価も高く、味も素晴らしいものが揃っています。災害発生時は調理する環境が整わないため、そのまま口にできる「パン」も理想的ですが、保存性が低いのが欠点でした。その点を解決したのが、画期的な「**缶入りパン**」です。しっとりとした食感は数年を経てもまったく変化しません。

また「**アルファ米**」も非常食の代表的なものですが、昔のものとは比較にならないほど味のレベルが向上しました。白米だけでなく、五目ご飯、チャーハンなどもあり、本当においしくいただけます。お湯さえ沸かせれば15分程度で温かいご飯が食べられるのは嬉しいですね。お湯がなくても、水で60分くらいふやかせば食べられます。

大きな災害が発生したとき、営業しているコンビニやスーパーで真っ先になくなる商品は、**水やお茶などの飲料**でした。次いで**パンやおにぎり、弁当**がすぐ売り切れました。これは直接的に被害のなかった被災地周辺の地域でも発生する現象です。

私は熊本地震の発生時に、被災しなかった鹿児島県から熊本入りしたのですが、事前に鹿児島で飲料や簡易食を入手しようと思って、営業しているコンビニやスーパーに立ち寄ったところ、購入できるものがほとんどありませんでした。

そんな状況になってもあわてないように、繰り返しますが、自宅に備蓄食料を確保しておくことは、とても重要なのです。

ポイント……▼ **備蓄用食品は簡単に作れるパスタや栄養価の高い缶詰を**

スマホ用のバッテリーを用意しておく

水、明かり、食べ物以外で用意しておいてほしいものは、繰り返しますが**バッテリー**です。おそらく日本人の8〜9割がスマートフォンか携帯を持っていると思いますが、災害時にスマホが使えないと、必要な情報を手に入れられなくなります。

現在の高度情報社会において情報収集は欠かせません。通信手段の有無は、生死に直結する問題だと思います。

先にも述べましたが、通信手段としてだけではなく、ライトや地図なども使えるので、スマホは非常に優秀なサバイバルグッズなのです。

各キャリアが企業の信頼性をかけて競争しているため、災害の発生後、携帯が不通になる時間はどんどん短縮されています。ある無線基地局が被災しても、すぐに周辺地域から基地局車や、電源が停止した基地局用の移動電源車が来る仕組みになっているのです。避難所にも中継器が届き、公共の Wi-Fi も開放されます（59ページ参照）。

さまざまな種類のバッテリーが販売されていますが、太陽光発電の**ソーラーバッテリー**や、**大容量バッテリー**などがあると安心できます。

複数のソーラーバッテリーを交互に充電すれば、ほぼ永久に電源を確保することができますし、２００００ｍＡｈを超える大容量のバッテリーは１週間ぐらい使用可能ですから、停電対策用としても、大容量のバッテリーを１つは常備したいところです。

ポイント……▼

ソーラーバッテリーか大容量バッテリーを用意しておく

スマホ用のソーラーバッテリー。最近はコンパクトかつ高性能なものがたくさん販売されている

キャンプ用品を災害のとき、どのように使うか

アウトドアで使うキャンプ用品は、災害時に大変役立つものばかりです。なぜならば、もともと不便な場所、つまり電気・ガス・水道がないところに行って、一定期間生活をするためのグッズばかりですから。**テント**、**寝袋**、**食器**、調理用の**バーナー**や**ランプ**、全部が使えます。災害時に避難所に入所できない場合でも生活が可能になります。

特に車を持っている人は、**車中泊**の選択肢も考えるといいでしょう。車で生活するというのは、移動できる部屋を持っているようなもの。それとキャンプ用品を組み合わせるのです。移動した先でキャンプしたり、車の中に寝袋を敷いたりなどすれば、一定期間安全を確保できます。ただし狭い空間での就寝はエコノミー症候群（血栓症）を誘発する危険がありますので、こまめなストレッチや軽い運動などを心がけましょう。

意外と「あってよかった」と思うのは**カセットコンロ**。都市ガスが止まると調理ができませんし、アウトドア用バーナーは、使い勝手がわからない人が多いでしょう。

カセットコンロなら、鍋などの調理にも普段から利用できます。アウトドア用品の中でも普段使いができて、かつ、非常時にインフラが止まったときでも使えるものを用意しておきましょう。

懐中電灯は一方向を照らし出すときに使います。また、アウトドアやキャンプ用の灯油、ホワイトガソリンなどを使用する強力な**ランタン**なら広範囲を明るくしてくれるので、家族で食事をするときなど便利です。最近は安価で、手回し充電やソーラー充電などが可能なＬＥＤタイプのランタンもあり、選択肢はいくつもあります。

また、避難時や作業中にも使いやすい**ヘッドランプ**や、避難所が寒いときに使える**サバイバルシート**など、挙げたらきりがありませんが、**日常的に使えるもので、非常時にも使える**グッズを用意するのが基本です。

ポイント‥‥▼

カセットコンロやキャンプ用のランタンは災害時に役立つ

倉庫や押し入れに揃えておきたい備蓄品リスト

□**飲料水**　１人１日３リットルが目安。飲料用のみで最低３～４日分。マンションなど集合住宅に住む方は１週間分を推奨

□**非常食**　家族が１週間困らない程度。保存期間が長いレトルト食品、インスタント食品や缶詰など。火を通さなくても食べられる食品

□**医薬品**　常備薬、三角巾、包帯、ガーゼ、脱脂綿、絆創膏、消毒液、整腸剤ほか。持病のある人は、その病気のための薬

□**予備のめがね**、補聴器、つえなど

□**衣類**　重ね着のできる衣類、防寒着、下着類、靴下、軍手、雨具

□**停電対策**　懐中電灯、ヘッドランプ、ランタン、ロウソク、ライター、携帯ラジオ、予備の電池、携帯充電器

□**避難所持ち込み用グッズ**　着替え、布団・毛布類、タオル、ティッシュペーパー、

ウエットティッシュ、ポリ袋、生理用品、筆記具（油性）、食器類

□**緊急時の避難・救助用具**　笛、コンパス、ナイフ、ロープ、シャベル、バール、ノコギリなど

□**長期避難用のアウトドアグッズ**（キャンプ用品）　カセットコンロ、ガスボンベ（予備は多めに）、固形燃料、調理器具、寝袋、テント、バーベキュー用具

□**役に立つ日用品**　布ガムテープ、ラップ、アルミホイル、包装用のヒモ、ハサミ、風呂敷、ダンボール、洗面用具、トイレットペーパー、古新聞、ポリ袋、布袋

□**あると便利なもの**　裁縫セット、サバイバルシート（アルミ箔製のものは、保温性が高く毛布代わりになる）、折り畳み可能なポリタンク（給水時に使用）、車輪付き旅行バッグ、台車、かご付き自転車、非常用浄水器、ブルーシート、簡易トイレ

ポイント……▼

災害時の在宅生活に対応するため、まとめて備えておく

知っておくべき地震保険の基礎知識

東日本大震災が起きたことで、2014年に15％以上も値上げされた「**地震保険**」は、年々加入率が上昇していて、『損害保険料率算出機構統計集　2017年度版』によると全世帯数の30％を超えています（2020年は相次ぐ自然災害によりさらに上昇の見込み）。今、この瞬間にも大地震は発生するかもしれません。未加入の方は早急に検討し、すでに加入している方も今一度、補償額を見直してみる価値はあるでしょう。

地震保険は火災保険とセットでなければ申し込めません。地震保険は、国がその一部を負担する公的な保障ですので、保険会社によってその金額に差があるわけでもありません。ただし、その保障は、満額でも火災保険金額の30～50％にとどまります。

つまり、全壊した家屋に対してすべての保障がなされるわけではなく、未加入の人と比較して、**再建への負担率が半分くらいに減る程度**ということを理解しておきましょう。

地震保険は一般の生命保険とは異なり、損保の場合は各社同じ保険料とはいえ、火災保険との組み合わせや、建物、家財にそれぞれかけていないと保障対象にならないなど仕組みが複雑です。また、建築年、耐震診断、免震建物、耐震等級割引など各種の割引もあり、これらの条件に合う人はリスクが少ないぶん、負担金額も減ります。

また**地震保険は県ごとに料金体系が異なります**。その地域の危険度に応じて「**等地区分**」という3つの区分に地域が分けられ、保険料の負担額が変わるのです。等地区分は変更されることがあるので、未加入の方は、自分の住む地域に区分の変更があるか、自宅のローン残高がどれくらい残っているか、自宅に被害が及ぶ可能性があるかなど、さまざまな要素を検討したうえで、加入の是非を判断すべきでしょう。

損保各社による地震保険以外に、県民共済やJA、全労済などによる地震災害の特約事項がありますが、これらの「保障」は一定の地域によるものや共済の加入者に対するものであり、一般を対象とした、損保による「補償」とは異なります。

地震保険部分も積立方式の保険で充当したい（JA共済）、地震保険の保険料が負担に感じるという人には、これらもお勧めできます。ただし負担が少ないということは、保障額も大きくはなく、あくまで生活再建の一部の手助けになるという趣旨であることを理解すべきです。たとえば県民共済などでは、契約金額の５％の範囲内で最高３００万円の金額が支払われますが、２０００万円の契約金額に対して１００万円程度というのは、家屋の再建費用にはほど遠い金額と言えるでしょう。

最近では生活再建のための「**地震補償保険**」も存在します。これは地震保険では火災保険の保険金額の最大50％しか保証されないので、各種保険の加入状況に関わらず、家族の人数に応じて加入可能な３００万〜９００万円の保険金が支払われ、家屋の再建費用や生活必需品、仮住まいの費用などに充当できるというものです。

一部損壊は対象外になるなど、損保の地震保険とは条件は異なりますが、自治体発行の罹災《りさい》証明書に基づいて保険金が支払われます。

ポイント‥‥▼

自宅を守るために地震保険に加入することも１つの策

車両による避難のメリット、デメリット、必要な車載用品

「車での避難はやめてください」とよく言われますが、私はその意見に１００％賛同することはできません。徒歩では逃げ切れないケースもたくさんありますし、車だから助かったという例も数多くあるのです。

ただし水害、特に台風のときに、車の中で亡くなる方が相当数発生してしまうケースがあります。それは、移動を開始するのが遅く、道路の水位が高くなってから出発したため、そういった事態に陥ったのです。車で移動する場合は避難経路上にそのような危険がないかどうか確認したうえで、別の選択肢も持つべきでしょう。最近では、自治体等が道路状況をインターネット上に示すような取り組みが進められています。

台風や水害に関して単純に言えば、**地域が危険になる前に安全な場所へ移動していれば確実に助かる**わけです。３日前にはほぼ状況はわかっているはず。３日前でしたら、

どこへでも行けますので、気象情報を確認しておいて、河川や斜面といった移動にリスクが伴う場所は避けて移動しましょう。遅くとも、台風接近の前日には移動できるように準備して行動してください。

東日本大震災の発生した直後、東北の海岸近くは津波を恐れる人で大渋滞が発生しました。しかしみんなその中でじっと待っていたため、押し寄せる津波に流されてしまい、渋滞していた多くの車が被害に遭ってしまいました。

ちょっと水が浸った段階で、車での避難をあきらめて、横の建物に逃げていたら助かった人もいたはずなのですが、なぜか集団心理から、皆さん、車から出なかったのです。

車のほうが速く安全な場所に行けるのでしたら、それも1つの選択肢ですし、高齢者や小さいお子さんが一緒の場合、徒歩では逃げ切れないケースもあるはずです。ですから、「車を使わないことが、避難においては100%正しい」というのは間違いです。被災時は臨機応変な行動が大事。ただし、**場合によっては、車を捨てる覚悟**も必要です。大事な命には代えられません。

車のトランクの中に、水や食料、キャンプ用品などを入れておくと安心です。熊本地震では車で避難している人が数千人規模にのぼりました。避難所の周囲にたくさんの車が集まっていて、テーブルや椅子などのキャンプ用品を車の周囲に広げ、バーベキューのようなことをやっている人たちも大勢いました。

車中泊で一番困るのはトイレの確保。それもあって避難所の周辺や、トイレの使える場所の周辺に多くの車が集まるのです。高速道路の渋滞時などにも使える、防臭剤と凝固剤がセットされた非常用トイレ（大小兼用タイプ）を車内に常備しておきましょう。事後処理用として、色つきのビニール袋とバケツがあれば便利です。

避難所のトイレは、場所によってはすごく混んでいますので、間に合わない場合を考えて用意しておきましょう。

ポイント……▼

災害直後以外なら、車での避難にもメリットはある

家族で決めておくべきこと

災害の発生時に、家族全員が一緒にいられるとは限りません。そのときに備えて、事前に各々が「**こういう場合はこうする**」という行動の優先順位、待ち合わせ場所、役割分担などを決めておき、年に一度か二度は必ず家族会議のような形で話し合うことをお勧めします。小さなお子さん、高齢のご両親など、避難時にサポートが必要になるご家族がいる場合は誰がそのサポートをするのか、安全を確保するために何が必要なのか。さらに家族が離れていたときに、地域内でサポートや安否確認をしてもらえる人を見つけておくことも大切です。

家族の中でそれぞれが役割を持つことで冷静に行動できます。まずは自らの安全確保を優先して、次に家族の安否確認、家屋に危険が及んだとき、どのように一時避難場所や避難所に向かうかなどを話し合っておく必要があります。

お父さんの役割（避難方針の決定、防災用品の調達など）、お母さんの役割（食料の備蓄と調達、衛生用品の確保、貴重品の持ち出しなど）、お子さんの役割（まず自分の安全確保、避難方法、中学生以上なら高齢者のサポートなど）を具体的に決めておきましょう。

災害時の家族の集合場所は基本的にはご自宅だと思いますが、自宅が津波や洪水、土砂災害のリスクが高い場合、または火災が迫っているような場合には、**家族が全員集合していなくても、各自の判断で地域の指定避難場所、避難所へ速やかに移動**しなければなりません。戻らない家族を待って自宅にとどまり被災する事例は、過去多くの災害で見られます。

その際の安全な避難経路を家族で共有して、地域で決められた一時避難場所、広域避難場所（公園や学校など）、避難所（学校や公民館など）などで待ち合わせる優先順位を決め、実際に歩いてみて、どのくらいの距離があり、どのくらいの時間がかかるのかを確認しておくことが大切です。できれば複数の避難ルートを準備しておきましょう。

地震などの発生時には携帯電話の音声通話が一時的に使えなくなるケースが考えられます。メールやＳＮＳ（ＬＩＮＥやツイッター、フェイスブック）などのインターネット回線を使った家族同士の連絡方法や、１７１などの伝言ダイヤルなどのシステムによる連絡方法など**複数の連絡手段を家族で共有しておく**ことが必要です。

また**固定電話や公衆電話は携帯電話に比べて比較的つながりやすい**ことも覚えておきましょう。また被災した地域一帯がつながらなくても、他の地域へは連絡しやすいというケースも多く発生しますので、非常時に連絡すべき他県の親戚などの連絡先を携帯やスマホに登録しておきましょう（＝**三角連絡法**）。

共通の連絡先や家族の決めごとなどは、ノートなどに書きとめるのではなく、１枚の紙にまとめて、電話機の近くの壁などに掲示しておけば、普段から何気なく目にすることができ、すぐに思い出せるので良いと思います。

ポイント・・・・▼

家族間で災害時待ち合わせ場所、連絡先、連絡方法を共有

第3章

水害・土砂災害・風害について知っておくべきこと、すべきこと

水害が起こりやすくなっている現実

2015年9月、大雨により茨城県常総市の鬼怒川《きぬがわ》の堤防が決壊し、広大なエリアで浸水が発生、多くの家屋が流されてしまいました。

私はすぐテレビ局のスタッフと一緒に現場に向かいました。そこで何が起きて、なぜここが被害に遭ったのかを検証するためです。決壊した堤防の周辺は標高の低い、のどかな田園地帯だったのですが、調べてみると、過去何度も水害が発生している地域であり、水害は今回が初めてではありませんでした。決壊した堤防もその年に工事が行われる予定があったようで、まさに**予測されていた災害**だったのです。

水害は河川から大量の水がより低い土地に流れ込んでくるために起こります。海が近い場合は高潮という水害もあります。台風の影響を受けやすい沿岸地域や一級河川の流域周辺など、**水のそばには常に水害というリスク**があるわけです。

自分が住んでいるところの**地形**や**海抜**というものを、一般の人はほとんど意識していないと思いますが、特に戸建ての家を建てようという人は、必ず過去の災害史とともに、その土地の海抜がどれくらいかを調べておかなければなりません。

ただし、近年の気候変動によって、過去に水害がなかったとしても、今後は降雨量の増大とともに、水害の危険にさらされる地域は増えていくと考えられます。

東京や大阪の一部の地域では海抜がマイナスの地域が存在します。それら

一級河川の氾濫では死者が出ることもある

の地域では、豪雨発生時に排水機能に支障が出た場合、水没の危機にさらされてしまうことを、常に意識して暮らさなければなりません。

水害には、**内水氾濫**、**外水氾濫**の2種類があります。内水氾濫は、陸地内に降った大雨によって排水用の小河川や排水路の能力が降雨量に追いつかず、下水から水があふれるなどして、低い土地が浸水すること。一方、外水氾濫は河川や海の堤防が決壊し、水が陸地に入ってくるものです。川や海から離れた場所では、内水氾濫のみが起こりますが、河川が近いところでは、内水氾濫・外水氾濫の両方の被害に遭う可能性がある地域もあります。

自治体によっては、**洪水ハザードマップ**（130ページ参照）を発行していないところもあるのですが、皆さんの住む自治体にはあるでしょうか？ 自治体のホームページなどでぜひ確認してください。少しでも水害のリスクがあると感じているならば、必ずハザードマップを見て、地域の危険度を確認しておきましょう。

内水氾濫に比べて、外水氾濫は短時間で大量の水が地域に流入するために、被害が極端に大きくなります。家が流され、死者が発生する場合もあります。

一方、内水氾濫の場合は、死者はほとんど出ませんが（車や地下などに閉じ込められてしまったケースを除く）、家屋や自分の財産、車など、さまざまなものが浸水してしまうので、被害が起きる可能性が高い地域は知っておく必要があります。

水害は、素早い避難行動さえとれば、生命の危険を免れることが可能になります。いち早く情報を入手し、速やかに移動さえできれば少なくとも死ぬことはありません。被害に遭うのは、情報を手に入れることができなかったり、避難する判断や行動が遅かったりした人になります。

しかも現在、**気象庁は48時間から72時間後の降雨量や浸水の状況を発表**します。特に降水量は、レーザー光を利用して雲の中の水蒸気量を把握するレーダーが開発されたため、従来とはまったく別物なほど情報の精度が高くなっています。近づいてきた雲の水蒸気量が正確にわかるので、これくらいの気温であれば、降水量がどのくらいになるかという予測が可能になったのです。

こうした技術は、世界でも日本が群を抜いています。皆さんもこのような有益な情報を、ぜひ自分の安全確保に活用してほしいと思います。


また河川の氾濫に関しては、**ダムの放流**など人為的な要因もありますので、より詳細な情報が必要になります。

洪水のリスクがある地域の戸建て、特に平屋に住む方は、それらの情報を踏まえて、より早めの避難行動が求められます。一方、集合住宅の3階以上にお住まいの方は避難のタイミングによっては、移動自体がリスクになることもあるのでご注意ください。

2019年の台風接近により、神奈川県で集合住宅の1階が水没してしまったために亡くなられた方がいましたが、リスクの高い建物では、上層階への避難や安否確認などのシステムを含めて自治会等で話し合っておきたいものです。


「**ゲリラ豪雨**」は、気象用語ではありません。都市開発によって上昇気流が発生し、積乱雲を作るという特殊な地域性を持ったものを指します。２０００年代前半からメディアが多用するようになりました。

急激な気温上昇による積乱雲の発生により起きるものであり、発生場所の予測が難しく、短時間で解消する場合も多いため、この名称が使われています。地理的に発生しやすい場所もあり、寒気と暖気がぶつかるような状況で発生するケースもあります。

ゲリラ豪雨予測のキーワードとして、気象予報士が「**大気の状態が不安定**」と言ったときは発生しやすい状況であると思って間違いありません。場合によっては強風、落雷、竜巻、雹《ひょう》などが発生する場合もあります。しかし短時間で解消するため、大きな被害に至ることはまずありません。


近年では日本上空で停滞前線が集中豪雨を発生させ、猛烈な大雨が長時間続くケースも続出しています。これを起こす「**線状降水帯**」は連続して発生した積乱雲が線状に並んだ集合体が、幅20～50キロメートル、長さ50～２００キロメートルにもなるもので、前述の鬼怒川の決壊、２０１８年の西日本豪雨など甚大な被害を発生させました。

これまで、台風が来るのは9～10月ぐらいが中心という常識がありましたが、突然、12月ぐらいに、いわゆる「**爆弾低気圧**」と呼ばれる、太平洋側から来る低気圧も発生するようになりました。

さらに台風の進路が変わっています。20年くらい前までは、東北、北海道に台風はほとんど来ませんでした。また、「**北海道には梅雨がない**」と言われていましたが、今ではそれも昔話になってしまいました。また関東を直撃するような台風はこれまでほぼなかったのですが、２０１９年は二度の台風直撃により、千葉県を中心に大きな被害が発生したのは記憶に新しいところです（１３９ページ参照）。

いまや北海道でも水害は発生しますし、冬に起こることもあるのです。事実、北海道は、２０１６年に連続して襲来した台風によってひどい水害に見舞われ、鉄道や道路などの交通網はズタズタとなり、河川の堤防決壊で多くの家屋が浸水しました。また、じゃがいも畑などの農地や牧場にも大きな被害が及んだのです。

また、東北地方はこれまで台風が来ることはなかったので、内陸部の治水事業が遅れていたことが災いし、毎年大きな被害が発生するようになってしまいました。津波対策用の堤防を造るだけではなく、河川からの水にも注意を払わなければならなくなってしまったのです。

北海道や東北など、水害の経験値が低い地方が、より激しい気象災害を受けているのが現状です。関東への大型台風襲来で家屋や各種施設が破壊されてしまったのも、これまでの台風は本州に接近する頃には勢力が衰えていたので、被害の経験がほとんどなかったことが大きく影響しています。これらは日本列島周辺の海水温が上昇傾向にあることが原因とされていますので、今後も被害は増える傾向にあると考えるべきでしょう。

ポイント……▼

水害は早めの避難で生命を守ることができる

水害、土砂災害では情報格差が生死を分ける

従来の防災上の問題点として、**避難勧告**、**避難指示**が明確に伝わっていないということが挙げられます。水害、土砂災害については、警戒レベルを1、2、3、4、5などの数字で表しますが、たとえば気象庁などが「水害のリスクは3です」と発表したとき、そのリスクの大小は、洪水の発生する可能性のある川が近い、土砂災害の発生する危険性が高い斜面に近いなど、場所によって異なります。

一般的な都市部の住宅街では、避難勧告が出ても移動しない人がほとんどです。東京都内の避難率は、おそらく非常に低いと思われます。昨年（2019年）の多摩川増水のとき、川付近の住民たちは逃げましたが、「こんなところまで水が来るとは思わない」と言って避難しない、災害情報に縁遠い人たちは山のようにいたわけです。

「この地に住んでいて初めて避難をした」という人が大量に避難所に集まったために、

世田谷区のいくつかの避難所では一時的に収容しきれず、人があふれかえったそうです。

どの情報が出たときに移動して、より安全な場所へ行かなくてはならないのかという判断は、それぞれの地域によって違います。そういった地域のリスクを家族はもちろん、普段から自治会や周囲の人たちと話し合っておかなくてはなりません。

リスクの高い地域では、避難勧告・避難指示が出てから動くというよりも、**「避難準備情報に当たる警戒レベ**

水害のときも、避難準備情報の「警戒レベル3」が出たらすぐ避難を開始すべき

ル3で避難するべき」と私は皆さんに伝えています。つまり「**4や5で避難してもすでに遅い場合がある**」ことを、家族で共有しておいてください。

防災無線による避難勧告は、台風や大雨のときには聞こえませんから、豪雨の際、有効とは言えません。いずれは、自治体が各家庭や個々人に避難勧告を直接伝えるシステムを構築していかなくてはなりませんが、今のところ、予算も方法もないのが現状です。ですから、自分で情報を入手するしかありません。**誰かの指示を待つのではなく、自分の身は自分で守るしかない**のです。

避難勧告・避難指示、警戒レベルなどを判断基準にするよりも、自ら「**危ないな**」と思ったら、空振りになることを恐れず、早急に避難しましょう。

基本的に気象災害というものは、安全な場所にいれば被害に遭うことはありません。特に台風や大雨は事前にわかるわけですから、早めの行動を心がけてください。

ポイント・・・・▼

地域リスクを普段から自治会や周囲の人と話し合っておく

警戒レベル1～5についての解説

警戒レベル1～5が表す情報と、そのときにとるべき行動

警戒レベルについて、気象庁が発表している防災気象情報をもとに、とるべき行動を解説します。

警戒レベル5相当

情報＝大雨特別警報（※1）、**氾濫発生情報**

とるべき行動＝災害がすでに発生していることを示します。**何らかの災害がすでに発生している可能性が極めて高い状況**となっています。**命を守るための最善の行動**をとってください。

警戒レベル４相当

情報＝土砂災害警戒情報、危険度分布「非常に危険」（うす紫）、**氾濫危険情報、高潮特別警報、高潮警報**（※２）

とるべき行動＝地元の自治体が避難勧告を発令する目安となる情報です。避難が必要とされる警戒レベル４に相当します。災害が想定されている区域等では、**自治体からの避難勧告の発令に留意する**とともに、**避難勧告が発令されていなくても危険度分布や河川の水位情報等を用いて自ら避難の判断**をしてください。

警戒レベル３相当

情報＝大雨警報（土砂災害。※３・※４）、**洪水警報、危険度分布「警戒」**（赤）、**氾濫警戒情報、高潮注意報**（警報に切り替える可能性が高い旨に言及されているもの）

とるべき行動＝地元の自治体が避難準備・高齢者等避難開始を発令する目安となる情報です。高齢者等の避難が必要とされる警戒レベル３に相当します。災害が想定されている区域等では、**自治体からの避難準備・高齢者等避難開始の発令に留意する**ともに、**危険度分布や河川の水位情報等を用いて高齢者等の方は自ら避難の判断**をしてください。

警戒レベル２相当

情報＝危険度分布「注意」（黄）、**氾濫注意情報**
とるべき行動＝避難行動の確認が必要とされる警戒レベル２に相当します。**ハザードマップ等により、災害が想定されている区域や避難先、避難経路を確認**してください。

警戒レベル２

情報＝大雨注意報、洪水注意報、高潮注意報（警報に切り替える可能性に言及されていないもの）
とるべき行動＝避難行動の確認が必要とされる警戒レベル２です。**ハザードマップ等により、災害が想定されている区域や避難先、避難経路を確認**してください。

警戒レベル1

情報＝早期注意情報（警報級の可能性）注：大雨に関して、明日までの期間に「高」又は「中」が予想されている場合

とるべき行動＝災害への心構えを高める必要があることを示す警戒レベル1です。**最新の防災気象情報等に留意**するなど、災害への心構えを高めてください。

※1　これまでに経験したことのないような降水量の大雨が見込まれる際の大雨特別警報を指します。

※2　暴風警報が発表されている際の高潮警報に切り替える可能性が高い注意報は、避難が必要とされる警戒レベル4に相当します。

※3　夜間～翌日早朝に大雨警報（土砂災害）に切り替える可能性が高い注意報は、高齢者等の避難が必要とされる警戒レベル3に相当します。

※4　「伊勢湾台風」級の台風等による大雨が見込まれる際には高齢者等の避難が必要とされる警戒レベル3の大雨警報（土砂災害）が大雨特別警報（土砂災害）として発表されます。

（気象庁ＨＰを参照して作成）

テレビでは伝わらない水害現場の本当の風景

水害の現場は、土砂と悪臭があふれ、直後であれば水が溜まっている状態になります。斜面がある地域では、鉄砲水が流れ家屋が全部倒壊してしまい、まるで津波を思わせます。土砂災害のことを、昔から「**山津波**」と呼びますが、まさにそのものだと思います。

水害の発生したあとの被災地の復旧には大変な困難が伴います。家に入った泥を流せば終了という単純な話ではありません。下水と混ざった土砂は異臭を放ちます。畳などをすべて剥がし、消毒しなければなりません。浸水が深ければ、建て替えをしたほうが安く上がるという結果にもなります。地域から水が抜けるには、数日かかります。さらに、土砂はすぐにコンクリートのように固まり、人力での撤去が難しくなります。

先ほどもお伝えしましたが、**洪水になると、ほぼ確実に断水が発生**します。下水道が詰まってしまうと、上水道も止まってしまうのです。さらに電気が止まっても、水圧を上げるためのポンプが使えなくなるので、水道が止まってしまいます。生活インフラは単独では成立しないので、すべての連携ができないと回復は望めません。

　そんな状況になると本当に苦しいものです。**水がなければ、土砂を流すこともできません**し、結果、家は放ったらかしになってしまいます。

　夏場だと本当にひどい臭いがします。片づけるときには家具を外に出さなければなりませんが、虫がついたり、カビが発生したり……。さらに下水からは、糞便の臭いが上がってきます。

地滑りや山崩れなどの土砂災害が起きると、麓の家屋は倒壊し、村自体がなくなってしまうことも

２０１９年の台風による浸水被害で、多摩川の周辺地域は、街中がドロドロのひどい状態になってしまいました。マンション上層階は泥に浸かっていないだけましでしたが、電気施設が被害に遭ったマンションは長期間の停電や断水に見舞われ、生活が維持できなくなってしまいました。

また山間部でも豪雨の発生時、山から来ている水で生活している地域では、自分の住むところに直接の水害がなくても、土砂災害の発生で上流域の取水地がやられてしまうと、水道がストップしてしまいます。

さらに、大規模な土砂災害が発生すると、地盤自体が崩れてしまうことや、安全確保のために行う工事の必要性から、同じ場所に住み続けることができなくなり、先祖代々の地から転居しなければならないケースも出てきます。その結果、**村自体が消滅してしまうという事態**が、地方では実際に起きているのです。

ポイント・・・・▼

土砂災害が起きると土砂と悪臭があふれ、水道も止まる

ハザードマップの必要性と活用法

水害では、「**ハザードマップ**」が非常に高い効果を発揮します。

全国各地で水害対策のセミナーを行うのですが、皆さん「ハザードマップ」が、何のためにあるのかを知りません。「ハザードって危険という意味だよね」くらいの知識しかないのです。本来はそこの**土地に移り住む前に地域の危険性を把握する**ために使うのが最も効果的なのですが、すでに住んでしまっている住民にとっては、その**土地の危険な場所ごとのリスクの大小を判断する**ために存在します。「すでに住んでいるのだから、今さらそんなことを言われても」と考える人も多いのですが、それが最も危険回避のために重要なことなのです。

水害用のハザードマップでは、土地の高さと河川からの距離、河川決壊が想定される箇所が示されていることが多いようです。自治体ごとにフォーマットは異なっていて、残念ながら、お世辞にも「わかりやすい」とは言い難いものも多数あります。

ハザードマップは、それを見て避難する際、現在の自分のいる場所がマップ上で危ない地域と指定されていた場合に、より安全な場所を見つけ、移動するためにも使えます。何度も目を通して頭に入れてから、非常用持ち出し袋にしまっておきましょう。

河川の堤防は「決壊することを前提で造られている」ことをご存じの方は少ないかと思いますが、絶対決壊しない堤防などありません。被害が最小限に抑えられるように、決壊する箇所が決まっています。現実的にはすべての堤防を直したり、護岸工事を施すことは不可能なので、大きな被害が出そうな箇所の改修を優先しているのです。

河川の改修（治水事業）は、戦国時代から行われていることで、その目的は被害を最小限にすることです。たとえば、東京にある「隅田川」は、もともとは「荒川」でした。関東一円を襲った明治43年の大水害で、当時の東京府だけで１５０万人もの被災者を出した反省から大規模な改修工事が行われました。東側の地域を守るために水門を設け、幅５００メートル、全長22キロメートルを開削して造った「荒川放水路」を現在の「荒川」とし、水門より下流の以前からの荒川を「隅田川」に改称したのです。

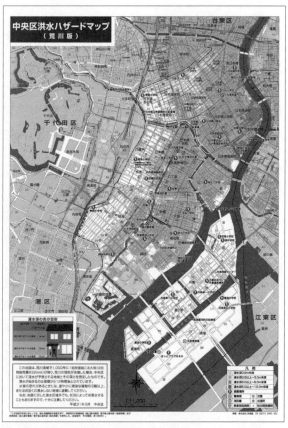

東京都中央区の洪水ハザードマップ。上のマップは荒川の水があふれた場合の浸水被害予想を表す。実物はカラーで浸水する深さを色で分けている（出典：東京都中央区 HP）

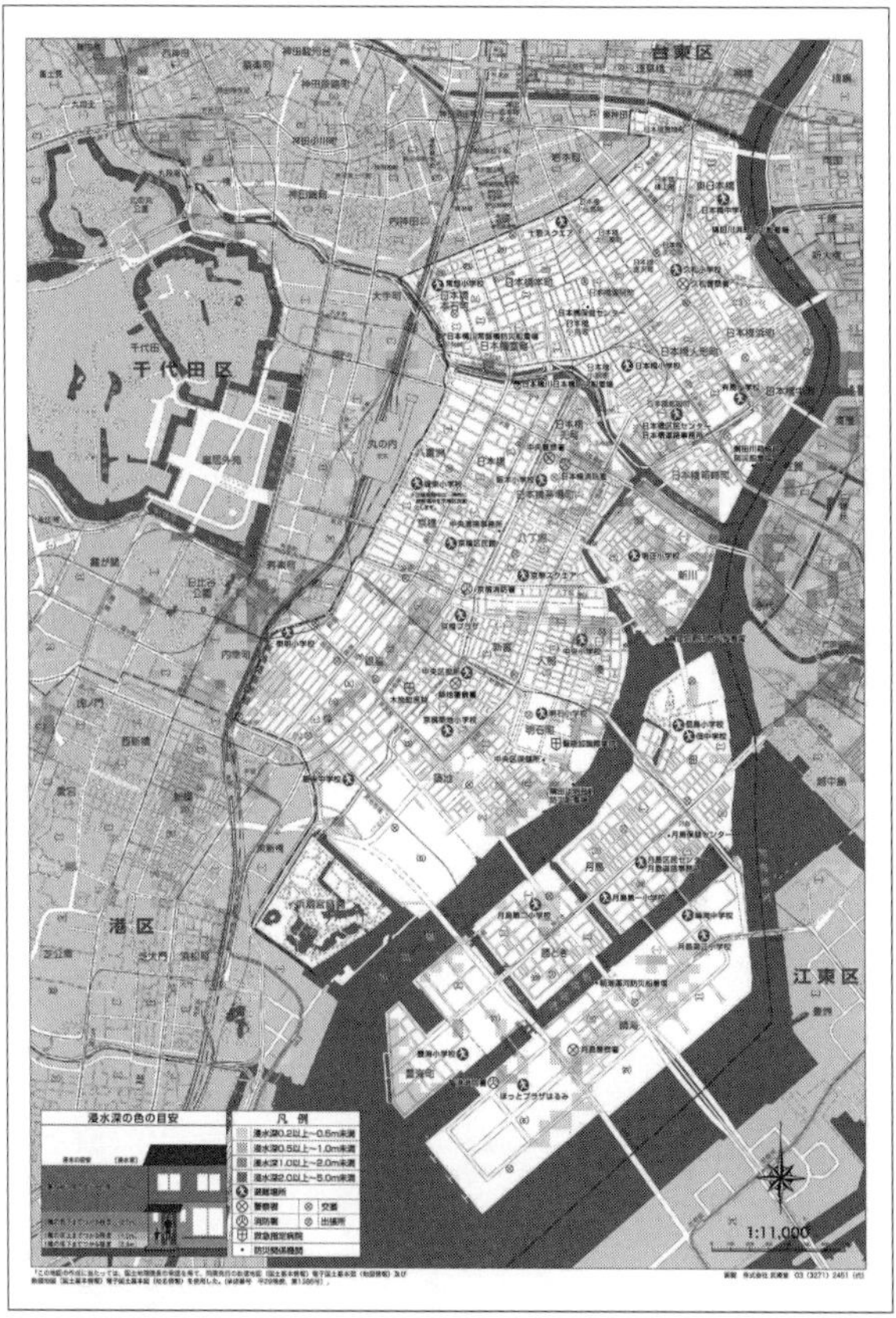

こちらの洪水ハザードマップは墨田川、神田川、日本橋川が氾濫した場合の中央区の浸水被害予想を表す（出典：東京都中央区 HP）

水害は特に避難が重要なポイントになります。避難場所や避難所に指定されていた建物が水没してしまったケースもありますので、必ずしも**公共の避難場所や避難所が安全な場所とは限らない**と心しておいてください。「避難所に行けばいいや」と思って行ってみたら、実はそこは地震の避難場所で水没してしまっていた――そんなことも現実的にはあるのです。

水害が起きた際、より高い場所、より安全に移動できるルートを自分と家族で共有しておくことが重要です。そうしておけば、生命上の問題はありません。

間違っても大きなリスクがあるところに逃げないようにしてください。

ポイント……▼

水害の際に安全に移動できる、高い場所を調べておく

ハザードマップを手に歩いてみる

水害用のハザードマップは見ておくだけでは、十分ではありません。**実際にハザードマップを手にして家の近所を歩いてみましょう。**

海抜などを調べて、「ここは低い土地なんだな」とか「ここは歩いて行きやすい場所だな」と確認しておくことで、より安全な避難ができます。「あっ！　こんなところに急な斜面がある」「土砂災害の可能性がある」「ここには近づかないようにしよう」など、危険な箇所には何らかの兆候があるはずなので、そんな実地検証を含めてハザードマップの確認をしておくべきなのです。

そして土地の高さを知ることも非常に重要です。登山をする人は、地図の等高線や標高線を見ただけで高度を体感できますが、そういう感覚は防災にとってすごく重要です。**自分がいる土地の高さを三次元的に把握しておく**のが危険回避のコツです。今いる場所の高さを知っておくことは、洪水や津波の場合にとても重要な情報になります。

東京都内、たとえば荒川や江戸川の川沿いを歩くと、洪水時の想定水位を示す標識が電柱に掲示されています。

「**海抜ゼロメートル地帯**」と呼ばれる地区では、満潮時の海面の高さより土地が低いところが広範囲に広がっています。万一決壊した場合は、水が5メートルから6メートルの高さまで達する場所もあるのです。そういうところに住んでいる方は、最初からリスクがある前提で、防災の備えを怠らないでください。

ポイント……▼

安全な避難をするために土地の高さを知ることも重要

上流域の雨により変化する河川での水難事故に注意

川の水流は、その河川が流れる流域全体への降水量によって大きく変化します。つまり、**遠く離れた上流域の降水量も考慮する必要がある**ということです。

特に川の下流の近くに住む人は、自分のいる場所に雨が降っていなかったとしても、上流域で豪雨が発生した場合に、堤防の決壊や洪水が発生する可能性があるということを知っておかなければなりません。

レジャーで川遊びやキャンプをしているときなど、カミナリなどの急な天候の変化があったら、河川周辺から離れましょう。また、河川に流木や急な濁りが発生した場合には、上流域で豪雨または土砂災害が発生している可能性があります。

それらの目に見える変化以外にも、事前に国土交通省の「**川の防災情報**」などを検索して、上流域の水量の増減を知っておくのが、安全に河川で楽しむための基本です。

日本での水難事故は、ここ10年くらいの推移を見るとほぼ横ばいで大きな変化はなく、年ごとに増減を繰り返していますが、毎年700〜800人を超える命が失われています。

水難者の年齢層を見ると全体の50％を超えるのが65歳以上の高齢者で、水難事故の行為別事由で見ると、「**魚とり・釣り**」が、最も多く、30％以上を占めています（警察庁『平成30年における水難の概況』）。

また、水難事故の統計では、**中学生以下の水難事故による死者・行方不明**

子どもの水難事故の多くは海ではなく河川で起きている

者の多くが、海ではなく、川で発生していることがわかります。

日本では「**一級河川**」と呼ばれる国交省管轄の大きな川だけで1万4000を超えており、その支流や中小の河川も含めれば全国に無数の河川が存在する「水の国」です。川は、飲料水や農業用水などをはじめ、私たちの生活に欠かせない存在ではありますが、ときに人や家をも飲み込み、大きな破壊力を持って流域に被害をもたらします。

自分や家族が水難事故に遭わないためにも、私たちはもっと川に対する知識を蓄えておくべきでしょう。

まず、基本的に**淡水である川や湖は海よりも水温が低く**、塩分などを含まないために**浮力が小さい**ということを覚えておいてください。海で泳ぐのと同じ感覚で川で泳ぐことは、非常にリスクを伴います。低水温により体がこわばって動かなくなり、ちょっとした水流の変化に対応できず、溺れてしまうケースがあります。

川には流れの形状や川底の地形によって複雑な水流が発生しているのです。いったん水流に巻き込まれてしまうと抜け出すことが困難になるうえ、上流域の水量の変化によっては急激に水量が増し、流れの速さも増すこともあります。ちょっと目を離したすきにお子さんが流され、溺れて深みにはまってしまうと救助は極めて困難です。

たとえ浅瀬であっても滑りやすい石に足をとられて転倒すれば、川底の石に頭を打ちつけ、致命的な重傷を負う可能性があります。水中の危険は一見しただけではわからない場所にあるのです。

小さなお子さんを河川に連れていく場合、**保護者はアルコール禁止**。万が一を考えて**ライフジャケットやヘルメットを着用**させるようにしましょう。それができないのであれば、河川の周辺には近づかないことです。また子どもたちだけで川遊びをさせるのは大変危険なことだという認識を持っておくべきです。

ポイント・・・・▼

流木・汚濁が発生したら、川からすぐ離れる

大型化し、コースが変わってきた台風

台風の年間発生数はそれほど増えていないものの、とにかく規模が大きくなっています。この台風被害は世界中で起きているようです。台風の被害が大きくなる場所はだいたい決まっています。それは**沿岸地域**です。

先にも少し触れましたが、**近年、台風の移動するコースが従来とは変わってきています**。昨年（２０１９年）、首都圏が台風被害に遭いました。関東地方に上陸した台風としては観測史上最大級とのことです。最も被害が大きかった千葉県では、送電塔２本と電柱84本が倒壊したほか、ゴルフ練習場の鉄柱が倒れ、周囲の民家10軒ほどを破壊しました。

また、インフラの回復も遅く、戸建家屋の倒壊が顕著に見られました。屋根がすべて吹き飛ばされてしまった家屋もありました。長い間、千葉県は台風が来ないと思われてきたので、強風への対策が何もなされていなかったのです。

私も現地へ何度も訪れましたが、海沿いの地域の木造家屋が完全に倒壊していました。古い別荘やホテルは、ガラスが全部割れており、天井が抜けていました。「よく死者が出なかったな」というような惨状です。

木造家屋は雨戸を閉めていないと、ガラスが割れて家屋の内圧が上がることで破壊されてしまい、破裂するように屋根が飛んでいってしまいます。沿岸地域では台風の影響が強く、強風対策を施す必要があります。それは、**雨戸を閉めること**、**強度の高い建物を用意する**ほかはないのです。沖縄などの離島で台風被害が少ないのは、台風の襲来を前提とした堅牢な建物にしてあるからなのです。

ポイント……▼ **台風対策は、雨戸を閉め、安全な場所へ移動するのが基本**

竜巻・突風の予兆を知っておく

気象災害の中でも、「**竜巻**」や「**突風**」など、いわゆる「**風害**」は、気温の上昇する春先から増加傾向になり、秋口まで全国各地で発生します。

竜巻や突風はさまざまな気象要因によって引き起こされるため、一般的には予測が難しいと考えられがちですが、実はその発生前に「**予兆**」と見られる現象が発生するのです。短時間で大きな被害をもたらす強風被害ですが、事前に速やかな避難行動さえとっておけば、人的な被害を受ける可能性は低いので、風害についての知識を持っておくことが重要です。

まず、竜巻や突風の発生する要因の大きなものに「**台風**」があります。実際には台風の中心部からかなり離れたところで、竜巻や突風が発生することも多く、「まだまだ影響はずっと先のはず」と思っていると、被害に遭ってしまうケースもあります。

「**竜巻**」とは基本的に、短時間で急激に発達する「**積乱雲**」に伴う強い上昇気流によって発生する激しい渦巻き状の風を指しますが、台風だけではなく、寒冷前線や低気圧などの接近、暖気や寒気が特定の場所でぶつかり合うことによっても発生します。

季節の変わり目などに、気象庁が「**大気が不安定な状態**」という発表をした際には、竜巻や強風、雷などの危険性を考慮する必要があります。現在はコンピュータによる解析技術が進んでいるため、要因となる「積乱雲」の発生予測はかなり正確なものです。

積乱雲が近づいてきているときの「**兆し**」は「**真っ黒な雲が近づき、日中なのに急に周囲が暗くなる**」「**雷鳴が聞こえてくる**」「**遠くに雷光が見える**」「**冷たい風が急に吹いてくる**」「**大粒の雨、雹《ひょう》が降ってくる**」などの現象です。このような現象を感じたり見たりした場合は、すぐに屋外での活動を止め、避難しましょう。

特に、巨大に発達した積乱雲は「**スーパーセル**」と呼ばれ、大きな被害をもたらす可能性があります。

竜巻などの強風被害から身を守るためには予兆現象が発生したら、すぐに屋外での活動を止め、頑丈な建物の中に逃げ込むことです。**竜巻などの強風被害は一時的なもの**であり、台風による強風被害と違って、短時間で終わる可能性が高いのです。

ただし竜巻の本体が直撃した場合などには、屋内にいても被害を受ける可能性があります。雨戸などがある場合には早めに閉めましょう。飛来物が窓ガラスを突き破り風が室内に入り込むと、家屋内で甚大な被害が発生します。

さらに強風発生時には大きな窓など

日本での年間竜巻発生数は約55件、海上竜巻を除けば約23件。7月から11月にかけて発生することが多い

開口部のあるリビングなどにはいないようにする、ベランダには固定できないものは置かないようにするなどの工夫が必要です。被害に遭った家屋では、窓ガラスが割れて強風が吹き込んだせいで、天井が吹き飛び、内部から崩壊したような状況でした。

また、**強風時には1階よりも2階の部屋のほうが被害を受けます**。深刻な事態の場合には、風呂場やトイレ、風の吹き込まない小さな部屋に逃げ込むというのも1つの方法です。

また屋外にいて、逃げ込むような場所がない場合は、風の影響を受けない側溝に身を潜め、あるいは頑丈な建物の陰などに入りましょう。

ポイント……▼ **積乱雲が近づく予兆を感じたら、すぐに建物の中に避難**

第4章

大地震発生時に知っておくべきこと、すべきこと

地震は過去に起こった場所で繰り返し起きる

首都圏に住んでいらっしゃる方は感じていると思いますが、最近、ちょっとした地震が頻繁に起こっています。それは、関東地方の地下が活発に動いていて、**地震多発地帯**になっているからです。

小さな地震が頻発すると「地震を引き起こすパワーが抜けて、大きな地震が来ないのでは」と思っている人も結構いるようですが、それは大きな間違いです。

地震は過去に起こった場所で繰り返し起きます。**地震は発生する理由がある場所でしか起きない**のです。これは世界的に見ても同様です。ですから、小さな地震が連続して起きている地域では警戒しなければならないのです。最近の例では**千葉の東方沖と県南部**、それと**東京湾**――この3カ所では、細かい地震がしょっちゅう起きています。

つまり、地震が発生する原因が常にその場所にあって、いつか大きな地震に発展する可能性が高いということです。ちなみにイタリアを除く、多くの欧州の国ではほとんど地震がありません。地震の発生原因となる**海溝部の地殻変動**が起きていないからです。

震源は常に動いているので、大きな崩落やプレートの移動が発生する可能性がありま す。しかも、それは1カ所ではなく、東京の地下周辺に多数存在します。大きな地震が来る確率が、他の地域よりも何倍も高いのです。

また今後、大きな震源となる可能性が高いのが、千葉の東方沖です。ここは東日本大震災の際、大きな崩落が止まったところとされています。近年も常に地震活動が観測されている、非常にリスクの高い場所です。

千葉県は、震度６強以上の地震で被害が発生する確率が47都道府県で１位となっているのは、そのような震源域に周囲が囲まれているということからです。

さらに地震で気をつけなければならないのは、**地盤**です。たとえ、集合住宅に住んでいたとしても、建物の地盤がやられてしまえば、もうその場所で生活できなくなります。東日本大震災のとき、東京都で被害が一番大きかったのは**湾岸エリア**でした。地盤が液状化して、ガスや水道、電気が止まってしまえば、暮らすことはできません。

死者が出なかったとしても、地盤が弱いところと強いところでは震度にも差が出ます。同じ東京でも、湾岸地域で震度6強の場合、中央区あたりでは震度6弱から震度5強くらいで終わる可能性が高いのです。

地震の伝播率は、地盤によってまったく異なります。弱い地盤に建っている建物は、より大きな被害を受けます。

千葉県は震度6強以上の地震で被害が発生する確率が全国一

東京湾周辺に広がる埋め立て地や河川沿いの住宅地では、揺れが増幅される可能性が高く、建物に被害がなくとも、地域のインフラが破壊される可能性が高いと言えるでしょう。**地盤の強弱は地震被害の大小に大きな関係がある**のです。

地震対策は、繰り返しになりますが、**安全な場所、安全な家に住む**ことに尽きます。経済的な余裕があるようでしたら、災害に対してより安全な環境を求めて引っ越しをして、頑丈な家に住むのがベストです。周囲に木造家屋の密集地域があれば、自分がいくら気をつけていても火災に巻き込まれてしまいます。

地震発生時の避難行動は、あくまで二次的な安全確保の手段にすぎません。何より、自分の住む地域のリスクを理解し、そのエリアで災害が発生したときに何が起きるかということを予測しておくことこそが一番の安全策です。

ポイント……▼

地震対策は安全な土地・安全な家に住むことに尽きる

首都直下型地震と南海トラフ地震の切迫した危機

首都直下型地震と**南海トラフ地震**。近い将来、必ず起こるとされている2つの巨大地震です。日本に甚大な被害を及ぼすことは間違いありません。

直下型地震は、首都圏に限らずどんな場所にも発生する可能性がありますが、いずれも揺れる範囲が狭く、東京で起きた場合、東京、千葉、神奈川に隣接した地域以外ではほとんど被害は出ないと思われます。被害が大きくなるのは特に地盤が弱い河川の周辺および海沿いです。**地盤沈下や液状化現象**が起こり、**住宅密集地域で多数の木造家屋が倒壊**し、**同時多発的に延焼火災などが発生**すれば大変な事態になります。また**東京湾には地盤の弱い地域にコンビナートや火力発電所、変電所などのインフラ設備が集中**していますので、生活面、そして経済面でも大きな被害が発生することが予測されます。

また東京には政府機関、金融などの機能も集中しているため、大規模な災害が発生すれば、一時的に日本の国家機能が麻痺してしまい、被害への対応や復興にも大きな支障が生じるでしょう。そのためにも一部の機能を関西や他の都市へ移動させておくべきなのですが、さまざまな理由により、なかなか進んでいないのが現状です。**巨大地震被害の発災はすでに待ったなしのステージに入っている**のですが……。

さらに日本最大の災害リスクと言われている南海トラフ地震についても同様です。政府はいまだに、南海トラフ地震に対して何ら有効な対策が取れていません。被災者が20万〜30万人にも

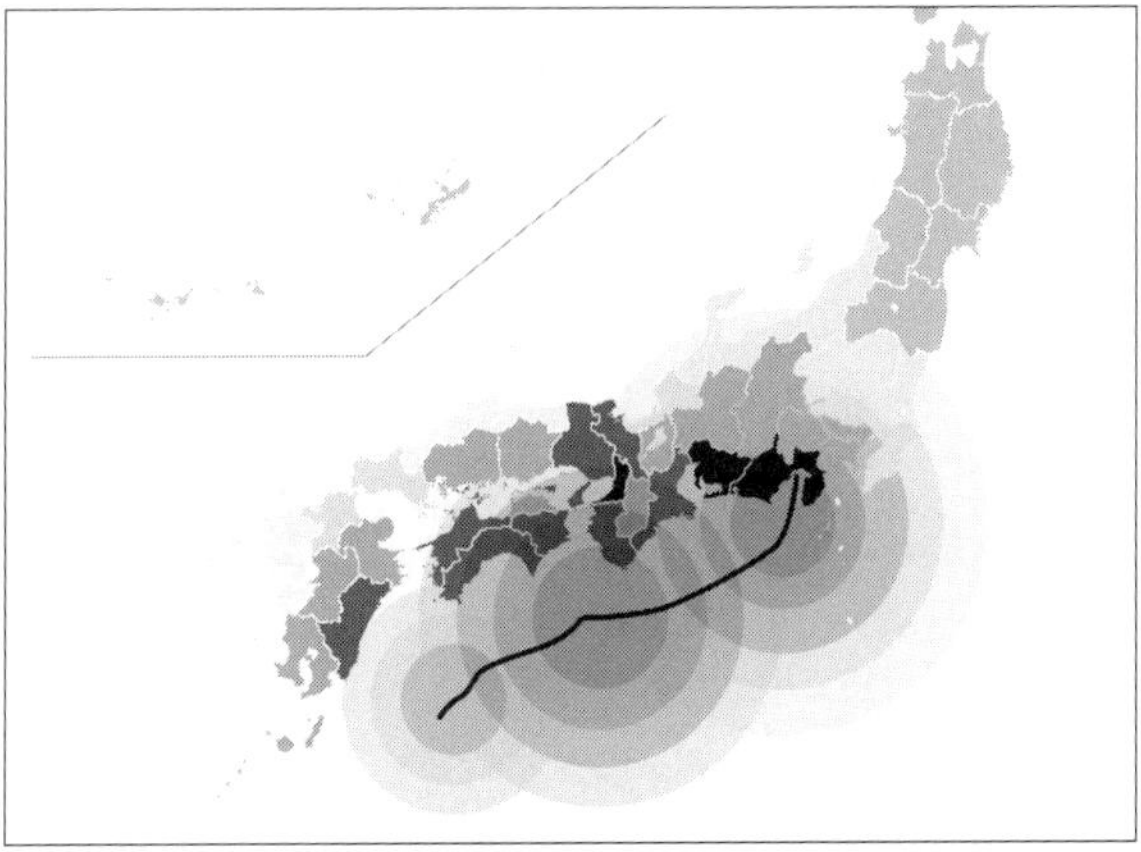

「日本最大の災害リスク」と言われている南海トラフ地震が被害を及ぼす範囲

及ぶとされるこの地震災害は、国民全員に影響を及ぼし、日本を先進国の座から引きずり下ろす可能性さえ持っています。

沿岸地域に工場や本社を持つ企業の方とお話しすると、**会社の多くの機能を沿岸部から内陸部に移す**、**沿岸の工場を自動化して、人員を削減する**、**従業員を海沿いに住まわせない**など、すでにさまざまな対策に着手しているようです。

地震についても、まずは建物を安全な耐震化にすることが一番重要ですが、その後に津波や火災などの二次的な災害が発生することも考慮に入れて、より安全な場所に速やかに移動できるような対策を個人として確保しておくべきなのです。二次災害が発生したときには、住まいがいかに頑丈な建物でも助からなくなるケースが考えられます。

ポイント……▼

南海トラフ地震対策は国に頼らず個人で考えておくべき

寝室などにある家具を固定しておく方法

自分の部屋の安全確保はできていますか？　**地震では寝室で亡くなる方が圧倒的に多いので、落下物がないようにする、家具が倒れてきて圧死しないようにする**ための対策を、今すぐにも実行しなければなりません。固定具にはさまざまな種類がありますが、家具の種類や部屋のタイプによって適切なものを選ぶ必要があります。

賃貸住宅に住んでいる方は、壁や床に穴を開けられないという理由から、家具を固定していないケースも多いのではないでしょうか？　しかし最近では穴を開けなくても、両面テープで圧着させ、壁に固定する器具などがあります。

究極は、**寝室に家具は置かない、自分に倒れてくるものは置かない**――です。

地震は発生直後、数分間で生死が決まってしまいます。**避難する方法を考えるより、**

事前の準備で差が出ます。

自分が置かれている環境の中で、最もリスクの高い災害に対して、すべきことが何なのかを考えて、すぐに実行に移すことが必要なのです。

タンスやロッカーを支えるＨ型の家具固定具。突っ張りポール式なので穴開けは不要

ポイント・・・▼

地震の際は、避難よりも事前の準備が生死を分ける

廊下や玄関は大切な室内の「避難場所」

「家の中で安全な場所はどこでしょう?」と聞かれて、いまだに「トイレ」と答える方がいます。トイレや風呂場は狭い空間であることに加えて、家具もなく柱や壁が多いため、家屋が倒壊しても「**生存空間**」を確保できる場所とは考えられますが、わざわざそこに逃げ込む必要はありません。

もし移動可能な状態であれば、**廊下や玄関付近など、屋外への避難ルートを確保できる場所に移動する**のが正しい避難方法です。特に玄関付近は他の場所よりも頑丈にできているケースが多く、倒壊による被害を受ける可能性が低いと考えられます。

ただし地震の際にはドアなどの損傷による「**閉じ込め**」が発生する可能性があります。トイレや風呂場にいるときに地震を感じたら、まずは閉じ込めが起きないようにトビラを開放することが重要です。その他の場所にいた場合でも、可能なら移動して玄関ドアを開ける。さらに家屋の倒壊の危険性を察知したら、最悪の場合、すぐ屋外に避難できるようにしておきましょう。

それだけ大事な場所である廊下や玄関に、避難を妨げる「**割れもの**」を置いてあるご家庭をよく見かけます。高価な壺やガラス細工の花器、金魚鉢や水槽などが、もし落下して割れたら、**玄関の履き物が使用不可能**になります。この際、割れものは別の場所に移動し、震度6程度までは対応可能なゲル状の固定材などを使用して、安全を確保しておきましょう。

通路や廊下、階段などに割れものや避難を妨げる可能性のある家具は一切置かないようにしてあり、かつ、玄関付近に非常用持ち出し袋が置いてあれば、防災上かなり優秀なご家庭だと判断できます。

ポイント……▼ **通路や階段には割れ物や避難を妨げるものは一切置かない**

耐震性のある建物なら、地震でも外に出ないほうがいい

大きな地震が来ても、「**新耐震**」と呼ばれる基準で建てられた建物であれば、木造家屋であっても倒壊する可能性は低いと言っていいでしょう。しかし、建築後30～40年経っているような「**旧耐震**」の基準で建てられた建物は阪神淡路大震災時も大量に倒壊し、死者を発生させています。もし、そのような住宅に住んでいるのであれば、さまざまな補助が利用可能なはずですので、建て替えあるいは耐震化を図ることを考えましょう。

ある程度の耐震性が保証されている建物にいた場合、地震で揺れた瞬間に飛び出すより、その場で安全を確保するほうが生存率を上げることに繋がります。

昔は「**机の下に隠れましょう**」とよく言われていましたが、基本的に今は、「**落下物から頭を守り、倒れてくるものから身を守る**」が正解です。「机の下に隠れる」と指導していいのは、小学生低学年くらいまで。学校では、子どもたちに同じ行動をとらせるために必要ですが、大人がマネする必要はありません。周囲を見渡して頭部などを守れ

るような安全確保の体勢をとりましょう。**家屋が倒れてくるような震度6強から7ぐらいの揺れになると、そもそも歩くことができません**。飛び出すことができるくらいの揺れであれば、その場で安全を確保するのが先決です。

ある程度揺れが収まったら、周辺の状況を確認するために、あるいは余震で建物が倒壊する可能性があるような場合は、外に出たほうがいいでしょう。しかし、最初の一時的な揺れで、必死になって飛び出すのはかえって危険です。

屋外は建物の外壁が崩れたり、ガラスが降ってくるなど落下物のリスクがあります。ビルの看板や壁自体が落ちてきたりもします。実際、東日本大震災のとき、横浜で大量に落ちてきた建物の外壁で負傷する例が見られました。

柔構造でできている高層ビルは、倒壊を防止するための構造なのですが、その代償として、非常に大きい揺れが長時間にわたって発生します。揺れによる被害が室内で起きる可能性もありますので、企業のフロアなどでは、ロッカーなど重量のあるオフィス什器やコピー機などが動かないように、しっかり固定しておく必要があります。

繰り返しますが、地震は発生してから数分間が生死を分けるポイントです。**初動で結果が大きく違ってきます。**逆に言えば安全な建物に住んでいれば、恐れることはありません。前述の通り、安全な土地に安全な家を建てるのが、一番の対策です。

家が水没や倒壊などして、生活することができなくなり、避難所に行かなければならない状況になったとします。実は熊本地震では直接地震による死亡者の4倍に当たる約200人が、避難所での健康悪化などの理由で亡くなっています。これは地震による「**震災関連死**」とされます。自宅に住めなくなったことで体調不良を起こしたり、持病が悪化したりしてしまい、地震から直接のダメージを受けたわけでもないのに死に至る——そのような**二次的被害**をなくすためにも、家を安全にしておくことが大切なのです。

ポイント‥‥▼

地震が起きたら、その場所で安全を確保することが重要

地震のあとの津波の怖さ

津波に関して、東北などの沿岸地域では、過去何度も被害に遭っているため、**ハード面（堤防）**や**ソフト面（避難方法など）**の対策をしているのですが、それでも逃げ遅れ、被害に遭う人は必ず発生します。沿岸に住む以上はその脅威からは逃げられません。そして逃げ遅れる可能性の高い小さいお子さんと老人をどのように守るかは沿岸地域に住む人々にとって、永遠のテーマなのです。

沿岸地域では、住んでいるだけで被害に遭うリスクがあり、その対策としては、**津波が届くところに住まない**、ということしかないのです。

津波対策は、自治体も含めて、住民に一定の補助をすることで、安全な高台などの別の場所に住んでもらうしかありません。

静岡県では、海岸近くにあった市庁舎を移転させました。また、神奈川県湘南地方にある複数の市庁舎もすでに移転、もしくは移転の計画があります。市庁舎が津波被害に遭いやすい場所に建っていては、市民へのサービスを継続させることができません。東日本大震災の経験を踏まえて、多くの自治体がこのような取り組みを始めています。

また全国にある**地域の避難所が、すべて安全なところとは限りません。**津波で多くの人が流された避難所もあれば、水没してしまうような場所にある避難所、土砂災害の危険のある避難所なども残念ながら存在します。

「避難所は遠いけれど、行政から言われているから行かないと」と、長距離を移動している途中で被害に遭う可能性もあります。移動中、車が流されてしまい、川に落ちて溺死してしまったという例も報告されています。

自分の安全確保は自らの判断でしていただき、場合によっては自宅で安全確保をしたり、近所の頑丈そうな建物に身を寄せたりするのも1つの方法です。

ポイント……▼

自分の安全確保は自らの判断で行う

第5章

火災、その他の災害で知っておくべきこと

火災について知っておきたいこと

火事が起きる原因として、昔多かった**キッチンの天ぷら油火災**の割合は、だんだん減少してきているようで、多いのは**放火とタバコの不始末**です。

私はタバコメーカーから依頼されて、タバコと火災の関係について検証する調査とセミナーを行ったことがあります。そのときに火災の研究者たちから話を聞いて、タバコの危険性や、電子タバコの安全性、あるいは今後年齢構成が変わっていった際に火災の原因がどのように変わっていくのかなどという内容をまとめました。

現在、建物は木造家屋の難燃化が少しずつ進んでいます。しかし、木造家屋が絶対に燃えないということはありませんし、古い家屋は現在もたくさん残っているので、火災を完全に消滅させることはできません。そういった状況で、特に高齢者の寝タバコがいまだに火災の原因として多いというのは、非常に憂うべき事態です。

寝タバコに気をつけてもらったり、タバコをやめてもらったりするなどして、喫煙を管理することによる火災の増減は、発生件数のデータから推測できます。

喫煙者数は年々減少傾向にあり、最近愛好者が増えている電子タバコは火災の原因にならないというデータもあるため、今後はタバコを原因とする火災は減少すると考えられています。**愛煙家は、家で喫煙する場所を決め、寝タバコだけは絶対にしない**ようにしてほしいものです。

マンションなどでは、各戸に消火器を用意していない家庭もあるようですが、少なくとも自分の部屋から火を出さないためにも、**消火器はキッチンに必ず用意**しておきましょう。最近はスプレー式や投下式のものもあり、消火機能も優れたものが販売されています。複数の器具を用意し、期限切れのないよう管理しておくべきです。

火事で怖いのは火だけではなく煙です。一酸化炭素中毒になれば意識を失い、死んでしまいます。特に飲食店などの店舗内で、煙の被害に遭うケースが発生しています。

これを避けるためには、**非常口**を見ながら店舗内に入ることや、会合などの際は**避難経路をひと通り確認しておく**ことです。

私は個人的な判断ではありますが、居酒屋などを選ぶ際は地下や上層階にある店舗を避けるようにしています。

実際に地下の店舗内で何十人と亡くなったケースもありますから、避難経路の確認しておくことは、あなたの命を守ることに直結するのです。

ポイント……▼

火災で怖いのは火だけでなく煙。一酸化中毒に注意する

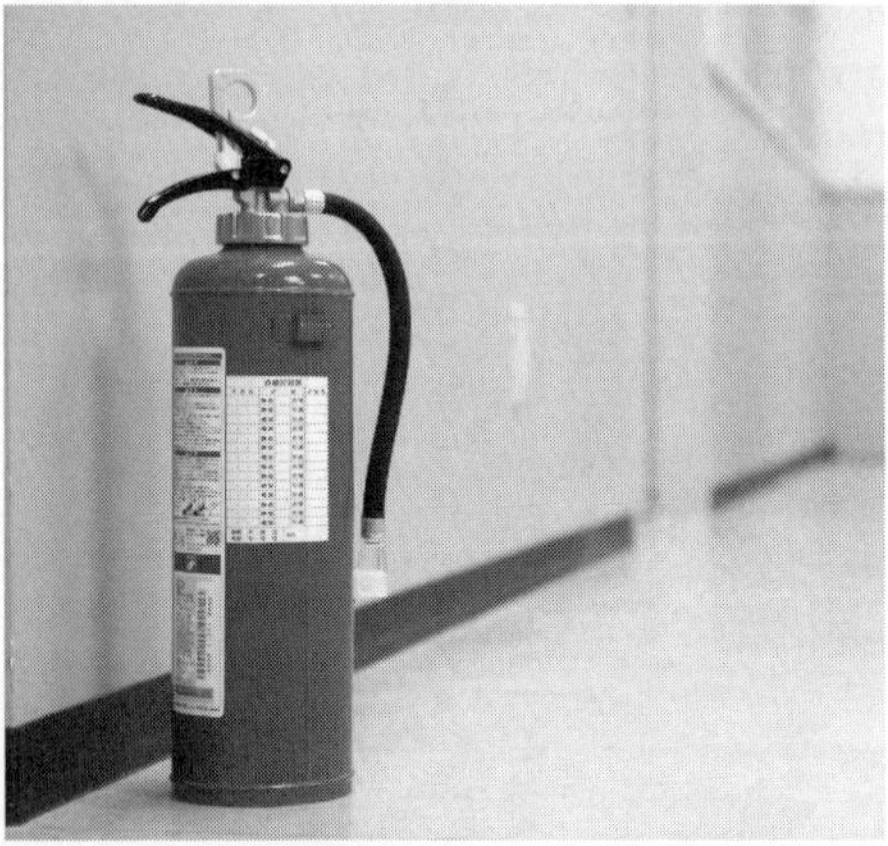

消火器はキッチンに必ず常備する

火災被害が大きくなるのは、日頃の整理整頓をしていない人

先日、消防士さんたちとの会合で、「**火災で被害が発生したご家庭は荷物が散乱していた**（**整理整頓されていなかった**）**ケースが多い**」というお話を聞きました。

日頃の整理整頓や掃除を徹底することなどが、火災被害の縮小に少なからず関係していることを初めて知りました。意外と放置しがちなのが、冷蔵庫など大型家電の裏にあるコンセント。ここに埃が溜まり、湿度が高い状態になると「**トラッキング**」という現象が発生して、発熱・発火し、火事につながります。

タコ足配線にしているプラグなどでもこの現象は発生しますので、大掃除の際に家のコンセントを総点検し、周囲に燃えやすいものがないかも確認しておきましょう。

また、特に集合住宅で問題になるのが**ベランダ付近の荷物**です。玄関方向が火や煙に包まれて外に出られない場合に備えて、避難経路となるベランダの隣室との壁付近には

荷物を置かず、十分なスペースを空けておかなければいけません。

さらに階下につながる非常口などがベランダに設置されている場合、その上に荷物などを置いてしまっていると避難行動に支障が生じます。大掃除の際などにこれらを断捨離しておくことで、ご自宅の安全性が確保できるのです。

気をつけなければいけないのが、年末年始の大掃除の時期に発生しやすい「**放火**」による火災です。夜間、人目につかない時間帯に屋外に燃えやすい荷物やごみなどを放置するのは厳禁です。あらかじめ準備をしておいて、ごみ収集日の午前中に集積所に出すことを心がけましょう。

日頃から屋内・屋外ともに整理整頓をしておくことが、家族の生命と財産を守ることにつながることを覚えておきましょう。

ポイント……▼

室内・周囲の整理整頓、断捨離が家族の生命と財産を守る

山火事の原因と被害について

降雨量が減少して乾燥する時期には、山火事が起きる可能性が高まります。今年（2020年）の冬は降雪量が非常に少なかったので、山に雪解け水が溜まらず、山火事の危険性がいっそう喚起されています。もちろん、山火事は**タバコや焚火の不始末**など**人間の失火**が引き起こすケースもありますし、**火山の噴火や噴石によって起こる**場合もあります。

私は、活火山に行く際は、事前に噴火の可能性を示す微動が近年発生していないかどうかを確認します。日本には富士山を含めて活火山がたくさんありますから、もし行くのであれば行く前にチェックをするといいでしょう。また、**活火山では、ガスによって火事や中毒による死者が発生する危険性**があり、草津白根山では2018年の噴火の際、1キロメートル以上飛散した噴石による死亡者、負傷者が出ています。

全世界的に及ぶ気候変動は、たとえばカリフォルニアの大規模な山火事やオーストラリアの大火災などの原因となった乾燥状態や、アジア諸国で発生している台風の巨大化、大雨による洪水などの極端な気象状況（**シビア・ウェザー**）の変化をもたらしています。

その原因は自動車や工場などの排出ガスによる地球温暖化とよく言われていますが、本当のところは、まだよく解明されていないのが現状です。

オーストラリア森林火災は2019年9月から多発化、2020年3月の鎮火まで240日余に及んだ

ポイント……▼

活火山に行く場合には事前に噴火の可能性をチェック

放射能汚染が起きたらどうする？

地域汚染は一番難しい問題かもしれません。化学薬品による汚染か放射能の漏出による汚染か、またそれ以外かによって異なりますが、地域が汚染されるケースとして一番わかりやすく深刻な**放射能汚染**についてお話ししましょう。

原子力発電所から漏れた放射性物質は、風で移動します。放射能汚染は大気の影響を受け、同心円状には拡散していかないというシミュレーションが行われています。

自分が生活している地域に、原発施設や化学薬品の製造施設があったら、「**汚染状況は風向や気象条件に左右される**」ことを必ず覚えておいてください。今後、そういった汚染情報や避難経路は、おそらく政府から早期に発表されると思います。

ポイント……▼

放射能汚染が起きたら、風の吹く方向から遠ざかるように

「感染症」を防ぐために有効な方法

２０２０年、「**新型コロナウイルス**」の世界的な蔓延によって、現在この原稿を書いている段階（２０２０年４月）では、日本でも**緊急事態宣言**が発令され、先がまったく見通せない状況です。例年のインフルエンザウイルスなどとは違って、無症状・無自覚の感染者が大量に発生し、それらの人が、知らないうちにリスクの高い高齢者や既往症を持った人に伝染させ、重症化させるという最悪の特性を持っています。元気に走り回る子どもたちが高齢者に死をもたらす可能性を考えなければならないのです。

もしもこんな時期に水害や地震などの災害が発生し、避難所を開設したとしたら……。避難所は人口密度が高くなるため、通常時でさえ感染症が蔓延しやすい場所です。「**複合災害**」が起きるのは明白であり、大パニックになることが考えられます。

また、感染症自体についても、日常から重大な災害の１つと考え「**伝染**《うつ》**されない、伝**

染さない」ための対策をとっておくべきです。私は過去に重度の感染症（敗血症）になり生死の境をさまよった経験がありますが、「**感染経路を絶つ**」「**感染しにくい体質を作る**」、この２つが、その対策として重要であると考えています。

過去に経験のない未知のウイルスが侵入する可能性は、以前から危惧されていたことでした。しかし、２００２年から感染拡大が始まった「**MERS**」や、２０１２年に発生した「**SARS**」のように、多くの犠牲者を出し、「**劇症型感染症**」が日本国内にはほとんど入ってこなかったことから、台湾や韓国のような準備ができていなかったと指摘する医療関係者もいます。

まったくの未知のウイルスということもあって、当初の「人から人への感染は認められない」「若者は重症化しない」「うかつに人の移動を制限すべきではない」などの誤った判断が、ウイルスの蔓延を許し、多くの感染者を発生させてしまいました。

ともかくこの新型コロナウイルスの感染拡大が終息し、ワクチンおよび効果的な治療薬ができるまでは「**人と人との距離＝ソーシャル・ディスタンス**」を保ち、**適切な消毒・**

滅菌（コロナウイルスは菌ではありませんが）を習慣づけなくてはならないのです。

多くの感染症はそのウイルス特性における「**感染経路を絶つ**」ことで、感染を防ぐことが可能です。通常の感染症は、感染者への接触および、感染者の咳などによる飛沫感染が主な罹患ルートですが、今回の新型コロナウイルスは人からモノへ、モノから人への感染経路を絶たなければなりません。

新型コロナウイルスは空気中では数時間で死滅しますが、プラスチックや

新型コロナウイルスの影響で、ほとんど無人と化した東京・渋谷のスクランブル交差点

金属の表面では数日間生き残っていると報告されています。外部から家に入るときには持ち込んだもののほとんどにウイルスが付着している前提で処理する必要があります。

ウイルスはアルコール除菌液や次亜塩素酸水などの使用により死滅しますが、手に入りにくい場合は**市販の石鹸で洗い流すことが可能**です。スーパーなどで複数の人が手に触れる可能性の高い商品はすべて洗浄してから、冷蔵庫やストックにしまいましょう。野菜などは水洗いするだけでもリスクを軽減できると考えられます（気になる人は野菜用洗剤で洗浄してください）。

パッケージはすぐに捨て、作業の前後には手を洗うように心がけましょう。

新型コロナウイルスやインフルエンザなど流行性の感染症はもちろん、春先から流行する「**手足口病**」などの感染症は、感染者からの「**飛沫感染**」が主な感染経路です。外出からの帰宅時に手洗い、うがいなどを励行するのはもちろんですが、以下のような正しい手洗い方法を身につけてください。

①まず手を洗う前に、指輪や時計を外します。②流水でよく手を濡らしてから石鹸を

つけ（ポンプ式のもののほうが良い）**手のひらをよく洗います。③次に手の甲を伸ばすようにして洗います。④指先・爪の間**（菌が付着しやすい）**を特に念入りにこすります。⑤指と指の間をすべて洗います。⑥親指と手のひらをねじるようにして洗います。⑦手首も忘れずに洗います。⑧流水で石鹸をていねいに流したら清潔なタオル**（家族で共有しない）**やペーパータオルでよくふき取って乾かします。**

人は屋外で、さまざまな菌やウイルスに触れています。外した指輪や時計、スマートフォンなどには大量の菌やウイルスがついていることを意識してください。指輪や時計は玄関付近で外し、スマートフォンとともに除菌用のアルコールティッシュなどで拭いてから触れるように心がけましょう。

ポイント・・・・▼ **帰宅時、食事前の正しい手洗いと家に持ち込むものは消毒**

マスクをしていても伝染る感染症

冬場の電車内などでマスクをしていても、すべてのウイルスや菌を防ぐことはできませんが、感染症が蔓延している時期には、他人に迷惑をかけないためにも、**咳エチケットを守り、マスクの着用を忘れない**ようにしましょう。

実は近くに保菌者がいた場合、飛沫が空気中に拡散して、マスクをしていたとしても保護されていない目からウイルスが侵入して感染する場合があります。それと同様、ウイルスや菌のついた手や指で顔や目をこすることで、目の粘膜からウイルスが侵入するケースもあります。医療従事者が治療時にマスクだけではなく、ゴーグルをかけているのは、これを防止するためです。

普段からゴーグルをかけて電車に乗るわけにもいきませんが、最近の**花粉対策用のメガネ**などは飛沫を直接受けにくいという意味で、一定の効果が期待できます。

外出時は電車のつり革やエレベーターのボタン、エスカレーターの手すりなど、ウイルスが付着したモノに触れることは避けられません。**折々で手をこまめに洗浄すること、手で目や顔に触れないようにすること、食事の前には必ず手を洗うこと**を心がけましょう。

人の体には外部からのウイルスや細菌を防ぐ「**免疫機能**」が備わっています。これを機能させることによって感染症やガン、糖尿病などの生活習慣病さえも防ぐことが可能とされ、新型コロナウイルスにも有効であるとされています。感染しても軽症ですみ、重症化しないと言われています。

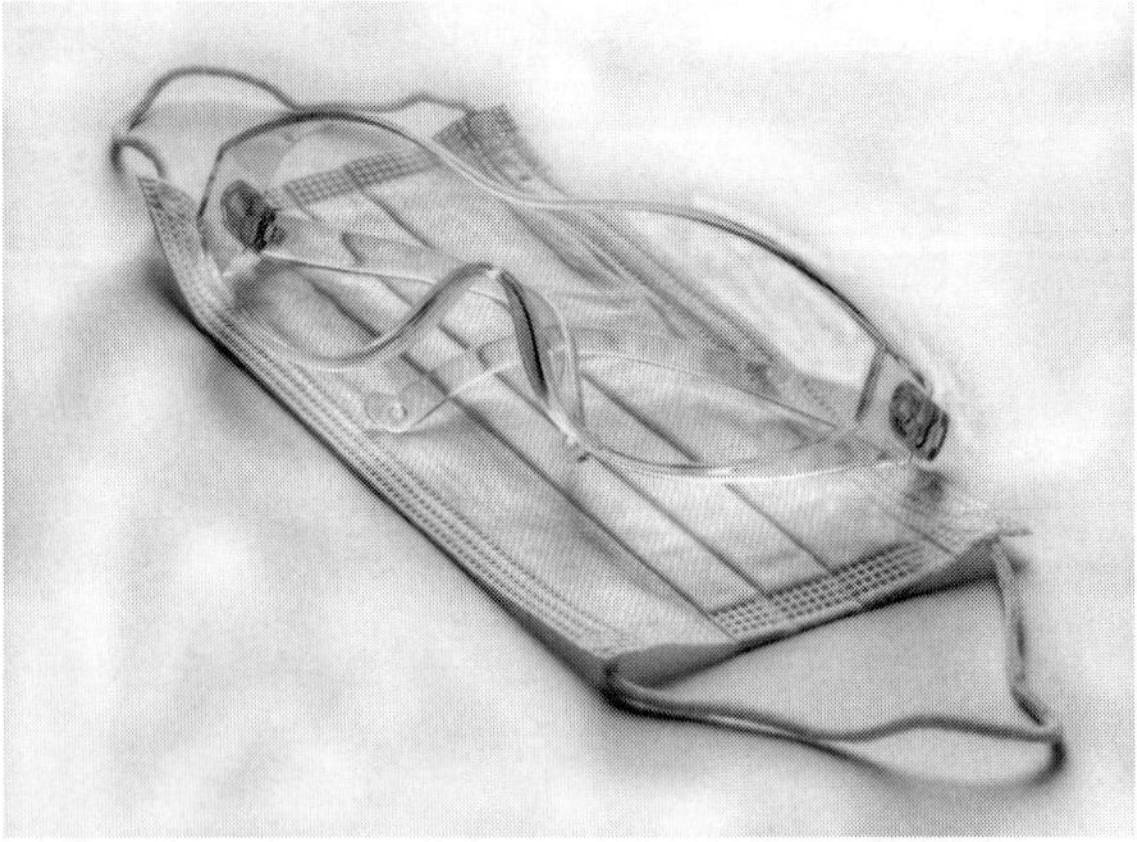

花粉対策用のメガネとマスクは感染症にも有効

逆に免疫機能が低下している人や、既往症を持ち治療中の人の多くが、重症化していると考えられています。

免疫機能を高めるには、まず「**質の良い睡眠**」が重要です。さらに**バランスの良い食事**、**適度な運動**、**十分な休養**をとって、**体に過大なストレスを溜め込まない**ことが大事です。また**体温を上げる**ことも体の免疫機能の向上に役立つとされています。

定期的な運動によって全身の筋肉量を減らさないことで、基礎代謝が上がり、血流の流れが良くなって体温の低下を防ぐことができます。他にも毎日入浴をすること、温かい飲み物（白湯でも良い）をとることなども有効です。また、よく笑うことによって体内のＮＫ細胞が活性化し、免疫機能が向上するという研究も発表されています。

私もかつて感染症にかかったのは、徹夜が続いてストレスが相当に強かった時期と重なります。皆さんも、感染症にかかりにくい体作りと生活習慣をぜひ心がけてください。

ポイント・・・・▼

マスク、ゴーグルの使用、運動と良質な食事、睡眠を

第6章
避難生活の現実と心構え

想像以上に過酷な環境の避難所

テレビの被災地からの中継などで目にする避難所は、実際にはどんなところだと思いますか？　避難所では、まず与えられる環境が驚くほど悪いのです。

ちょっと広い体育館のようなところでも、「**1人1畳です**」と場所が決められます。そんな中で、すぐ隣に体調の悪そうな人がゴホゴホと咳をしていたりするわけです。また、マットやシートがない避難所もたくさんあります。

いつも明るく、騒がしいため、眠ることができず、病気にもなりやすい。たいていの方が体調を崩すのはほぼ確実です。さらに感染症の危険性があります。持病の悪化なども含まれますが、**避難所での死亡者数は、災害関連死の中でも上位を占めています。**

「こんなことなら来なければよかった」と言う人も多く、「3日も耐えられそうにない」という声もよく聞きます。当然、**プライバシーもゼロ**です。

避難所がそういう環境であることを前提に、避難用持ち出し袋の中には、**アイマスクと耳栓**を必ず入れてください。私の経験上からも、それらなしではとても寝られません。

避難所へ行くと住民票、もしくは住民であることを示す証明書の提示を求められます。それらがない場合は住所などを書きます。避難所というのは、好きなところに行けるわけではありません。基本的には**地域から指定された避難所に行かなくてはなりません**。「設備が良さそうだからあっちの避難所に行きたい」というわがままは通りません。

また**優先順位**があります。高齢者や、小さいお子さん連れの人や妊婦さんは、優先的に決められたエリアに入れます。さらに、**地域住民が優先**され、地域外の住民は「**どういう理由でここに来たんですか？**」と確認されるのです。

そうやって帰らされる場合もありますが、避難所の外に出ることが、生死に関わる緊急事態の場合、道義的な問題として帰らせることはできません。廊下で待ってもらい、通常の住民とは違うエリアに避難させられることもあります。

避難所では、自分の住所を基準としたエリアが割り当てられます。「何丁目の人はこちらです」というように、すべて指定されます。

また、**戸建て住宅の人が優先**です。マンション住まいの人はよほどのことがない限り避難所へは入れません。**マンションは基本的に被害に遭わないというのが前提**なのです。

ですから、「何か必要なものがあったら来てください」「ご自宅で過ごしてください」と言われます。それを知らずにやってきた人たちが施設内に入ることができず、押し問答をしているケースは多くの避難所で発生します。

入所の手続きが済んだら、エリアに案内されて「そちらに荷物を置いてください」などという指示があります。「ここと、ここの何番があなたのエリアです」という説明があり、それから半日ぐらいの間に水の供給があります。

その後も、「**現在の家屋の状況を書いた書類を出してください**」など、さまざまな手続きがあります。その日のうちに、避難所に備蓄してある食事が出ます。自治会で運営する人の候補が決まり、新入所者も特にケガなどをしていなければ役割が与えられます。

避難所は行政が主導していますが、管理者はエリアごとに決められています。避難所が学校であれば、校長先生が管理者で先生方もいます。最終的には、自治体から派遣された職員が来て「こういったマニュアルでやってください」などという指示を出してきますが、**避難所の運営は基本的に住民主体**で行われます。

各避難所によって備品はさまざまです。シートやマットレスを置いてある施設もあればブルーシートだけのところもあるし、隣のエリアとの間仕切り

日本の避難所の環境や設備は諸外国と比較して低い水準。写真は広々としたアメリカの避難所

がある避難所と、まったくないところもあります。つまり、柔道場には畳が敷いてあり、学校の体育館では体操用のマットを敷いてくれるなど、もともとの施設に置いてあるものを活用するのが基本です。

日本の避難所の環境や設備は、世界と比較してもかなりの低水準です。先進国の中では圧倒的に低いと思われます。

アメリカでは設備が劣悪だと、利用者が怒って下手すると銃を持ち出しかねません。その一方、日本人は「みんな苦しい中でも公平に、とにかく一生懸命頑張りましょう」というメンタリティを持っています。

とにかく**被災地の避難所は、戦時中のような状況**だと思ってください。いったん避難所に行ってみて、「これではとても過ごせない……」と家に戻る人も結構多いのです。

熊本地震では、2回の大きな地震があって、亡くなったほとんどの方が2回目の地震の被害者でした。1回目の地震のときは意外と大丈夫だったのですが、「もう1回来るかもしれない」という心境から、皆さん家に入りたくなかったのです。「**とにかく家にいたくない**」と言う高齢者の方たちが多く、避難所の人口密度が大変な状態になりました。受付も足の踏み場がないくらい、ひどいありさまでした。

その２回目の地震で多くの避難所が被害を受けました。
まず市役所が半壊して、避難所に指定されていた市役所の隣の体育館も破損しました。その後、違う場所を避難所に設定しましたが、何しろ急ごしらえなので、初日は雨除けになるものもなく、皆さん、ブルーシートを敷いて外に出ていました。雨が降っていなかったことだけが、不幸中の幸いでした。

ポイント……▼

避難所に行く場合には、アイマスクと耳栓が必需品

在宅避難の場合でも配給場所で水や食料をもらうことができる

生活環境・衛生環境が悪く、ストレスの溜まる避難所より、**在宅避難のほうが感染症を気にせず、圧倒的に快適に過ごすことができる**のは間違いありません。

過去に、震度7以上の地震が同時期に同じ場所で3回起きたことはありませんが、熊本地震では震度7が2回、東日本大震災では震度6弱が2回起きました。

本震のあとの余震によって家が倒壊するリスクも少なからずありますが、ある程度の安全性が確保できている家でしたら、自宅にいたほうが安全です。ちなみに地震は、ほとんどの場合、**およそ1週間で大きな揺れは収束する**とされています。

在宅避難の場合でも配給物資を配給場所に取りに行くことになります。配給場所は、避難所や市役所などが多いようですが、そこで水や食料をもらうのです。他の地域からの支援部隊やクッキングバスなどが来るのは、おおむね1週間後くらいからです。

一番気をつけてほしいのは、持病がある人、特に人工透析を受けている人などです。被災地の病院が使えなくなると、生命を維持するためにどうしても移動しなくてはなりません。たとえば親戚の住む他県に移って災害の復旧を待ったり、医療行為を受けたりできるようにすることを考えておいたほうがいいでしょう。
病院は電気や水が止まっただけで簡単に機能が停止しますし、それと同時に薬がなくなる可能性もあるからです。

在宅避難の場合でも、**自宅が自家充電ができるオール電化仕様**になっていれば、もし電気が止まっても生活を維持していくことができます。しかし、充電設備がなければまったく意味はありませんので、安価な夜間電力を利用して電気自動車やハイブリッド車のバッテリーを常に充電しておき、その電力を非常時に使用する方法もあります。

ポイント……▼ **充電可のオール電化の家なら、ある程度の生活を保てる**

避難所の数が圧倒的に足りていない東京

地方であれば、大人は車を1人あたり1台持っている場合が多いので、車での避難生活がある程度可能ですが、もし**東京が被災したら、避難所の数が圧倒的に足りません**。特に都心のマンションが立ち並ぶ「**地区内残留地区**」と指定されている地区では「避難場所」の設定がありません。災害発生時、基本的には自宅等に留まり、危険が及んだ場合に限って、指定された避難場所へ移動するということも知っておきましょう。

食料や水の配給も通常は避難所で行いますが、災害時に交通機関が停止した場合、数百万人の「**帰宅困難者・滞留者**」が発生する都心部では、**駅などの一時滞在施設に指定されている場所でも配給が行われます**。ただし、多くの通勤客で大混雑が予想されます。

自治会の防災組織に属するような一部の人たちが防災情報を伝えていますが、あまり共有されていません。ビラ等を配っても住民はすぐ捨ててしまいます。防災活動に熱心な区もありますが、肝心の住民の関心は低いのです。自分たちの避難所はどこで、どんな設備と、どんな支援物資があるかは、住民が知っておくべき重要事項のはずなのに。

東日本大震災のとき、**都内では都営住宅やホテル、都庁も帰宅困難者のために開放**されましたが、すべての施設に食べ物などの配給が届くわけではありませんでした。一番手厚く対応してくれたのは、**お寺や神社**でした。都心の大きなお寺では、お茶や甘いお菓子まで出してくれたそうです。毛布も用意してありました。

東京都港区の浜松町に増上寺という大きなお寺があるのですが、そこで「**お寺は災害時に何をすべきか**」という講演をしたことがあります。金色や黄色の袈裟を着た偉いお坊さんたちが、全国から集まりました。その浜松町の増上寺に、数万人くらいの被災者が避難してくる可能性があるわけです。基本的には檀家優先かもしれませんが、**被災時にはさまざまな場所が開放される**ということを知っておくと良いと思います。

ポイント……▼

被災時には民間施設が場所を開放してくれることもある

守りたい避難所でのルール

避難所でのルールは、その場所ごとに決められています。個別の要求は当然、通りません。**ルールは張り紙で告知されます**。ルールは事前に作られていて、災害が始まってからの変更は絶対にできません。もし変更が可能だと、必ず「ルールを変更しろ」と言う人が出てきます。「犬を中に入れさせろ」「たばこを吸わせろ」「食事を別に作らせろ」などとキリがなくなってしまうからです。

避難所では「運命共同体」という意識を持たなくてはなりません。そのためには、決められたルール通りに行動し、みんなで1日も早く日常生活に戻る努力をする必要があります。ですから「ルールを無視する人は出ていってください」ということになるのです。

意外とできないのが、**体調が悪くなったときにすぐ管理者に報告すること**。これは大きな問題なのです。具合が悪くなっているのに黙っているのは、感染症を拡大させる一番の原因となります。これもルールで決まっていることなので、厳守してほしいものです。

他人と協調し、迷惑をかけないという、人として基本的なマナーが備わっていないと、共同生活を営むうえで困る事態が発生します。避難所の中に、常識的なことを守れない人が少人数でもいると、いろいろな場面で諍《いさか》いも多くなってしまいます。

ポイント・・・▼

避難所では自分勝手なことはせず、ルール通りに行動する

１日でも早く日常生活を取り戻すために、運命共同体である避難所ではルールを守ろう

避難所で多発するトラブルにご用心

残念なことに**避難所では盗難も多く発生**しています。悲惨な状況になればなるほど、他人の所有物を盗むような人が出てくるのです。ごく普通の人でも、名前を書いていないものに関しては「みんなのものだ」という意識が芽生えるのでしょうか。トイレに行くたびに、自分の所有物が失われるのが日常茶飯事になる。それが現実です。**人間は生死がかかった状況下では、人格も変わる**と覚悟しておきましょう。

東日本大震災のとき、海外などで報道されていた「日本人はおとなしくて、ちゃんと並んで、ルールを守って、みんなで助け合って、避難所生活を送っている」というのは**幻想**です。テレビはきれいなシーンしか映しません。トラブルやケンカをしているところなど、絶対に撮りません。**盗難だけでなく暴行事件**なども数多く起こっていました。そういったことはほとんど報道されていないのです。

また、**少年犯罪**も多発し、盗難なども起きましたが、中でもひどかったのは**放火**です。少年たちの宝探しグループがあって、無人になった民家に火をつけるのです。するとその家に消火のために大人が集まるので、その間に他の家で盗む。火も電気もないはずのところで毎日のように火事があり、これは放火しかありえないと判断しました。

　そのときは自衛隊や警察と共同して避難所の入り口に明かりをつけ、人の出入りがわかるようにして、子どもたちの外出を制限したところ、ピタリと被害は収まりました。

　なぜ報道されなかったのかというと、「地元の恥になる」とか、「それを聞いて真似をする子どもたちが出る」などと言う人がいて、表沙汰にしなかったからです。しかし、毎日のようにトラブルは起きていたのです。そのように、**災害時の避難所は想像するよりもはるかに悲惨**です。被害が大きければ大きいほど、ひどい状況になります。

　また、周辺の地域から**窃盗団**が必ず来ます。それも普通の人たちが犯罪行為を行ってしまうのです。

　被災地では、行方不明者の捜索・救助が最優先になりますから、警察が機能しなくなってしまいます。

　東日本大震災では、自衛隊、警察、消防の方々までもが津波で被災してしまいましたから、警察官不足はなおさらでした。ですから、小競り合いや小さな事件くらいでは取り合ってもらえません。関西や九州方面から応援の警察官が来るまで、被災地は正直に言えば、**無法地帯**と化していました。

避難所では所有物を安全に置ける場所がないため、盗難の危険性があることに注意が必要

ポイント・・・▼

被災地では報道されない一般人による犯罪が多発している

おわりに

２０２０年は「新型コロナウイルス」の世界的感染拡大という、近来まれに見る災厄に見舞われる年になりました。本書執筆時である現在、その出口はまだ見えていません。

しかしこんなときであっても、容赦なく自然災害はやってきます。もし、災害が現実になったときに、ご家庭ではそのための準備ができているでしょうか。今後は、感染症プラス災害という「複合災害」に見舞われることがありうるのです。

本文でも述べましたように、災害時の避難所はただでさえ高密度に人が集まるため、感染症が発生しやすい場所として注意を喚起されています。

そのためにも、なるべく避難所に頼らずに済むように、安全で頑丈な家を確保し、普段から十分な衛生用品を備蓄しておかなければなりません。自宅が使用できなくなった場合に備えて、一時的に身を寄せるための車やテント、他県の親類宅など、第二、第三の避難先、疎開先の確保も必要です。今すぐ準備に取りかかりましょう。

思えば、新型コロナウイルスなどの感染症が爆発的に蔓延する危険性は、以前から指摘されていたことです。日本は、近隣諸国に比べて過去の経験値がなかったため、対策が不十分であり、ウイルスの拡散を許したとも言われています。

それと同様に、災害対策について経験値がなくても「想定外をなくして準備する」ことが、被害を最小限に抑えるためには絶対に必要なのです。

日本は今、過去最大級に自然災害リスクが高まっている時代に入っているのですが、ともすれば、喫緊の課題に気を取られて、そのことを忘れがちになってしまいます。

大地震は近いうちに必ず発生しますし、豪雨や台風の襲来にはこれまで以上に厳重な警戒が必要になります。新型コロナウイルスの感染拡大を機会に、自分と家族の安全確保のために何が必要か、何が重要か、今一度、見直してみてはいかがでしょうか。

この本が、日本が迎えるであろう一大危機の時代に、少しでも災害による被災者を減らすことにつながることを願ってやみません。

２０２０年５月　　災害危機管理アドバイザー　和田隆昌

【最新版】中高年のための「読む防災」

一度読んでおけば一生安心！

著者　和田隆昌

2020年7月5日　初版発行

和田隆昌（わだ・たかまさ）
災害危機管理アドバイザー、NPO法人防災・防犯ネットワーク防災担当理事。感染症で生死をさまよった経験から「防災士」資格を取り、災害や危機管理問題に積極的に取り組んでいる。専門誌編集長を歴任。長年のアウトドア活動から、サバイバル術も得意。主な著書に『大地震　死ぬ場所・生きる場所』（ゴマブックス）、『まさか我が家が!? 命と財産を守るサバイバル・マニュアル21』（潮出版社）などがあり、講演会ほかTVなどマスコミ出演多数。

発行者　佐藤俊彦
発行所　株式会社ワニ・プラス
〒150-8482
東京都渋谷区恵比寿4-4-9　えびす大黒ビル7F
電話　03-5449-2171（編集）
発売元　株式会社ワニブックス
〒150-8482
東京都渋谷区恵比寿4-4-9　えびす大黒ビル
電話　03-5449-2711（代表）

装丁　橘田浩志（アティック）、柏原宗績
編集協力　株式会社開発社
写真　PIXTA、シャッターストック
印刷・製本所　大日本印刷株式会社

ISBN 978-4-8470-6165-3
ワニブックスHP　https://www.wani.co.jp